本书系北京社会科学基金"北京市政务社交媒体危机传播的公众接受研究（15JDJGC048）、第60批中国博士后科学基金面上资助一等资助"大数据风险感知与社会稳定研究"（2016M600105）的研究成果
本书受到清华大学公共管理学院中国应急管理研究基地资助完成

政务微博危机传播实践与效果

——中美比较视角

谢起慧　著

合肥工业大学出版社

图书在版编目(CIP)数据

政务微博危机传播实践与效果——中美比较视角/谢起慧著. —合肥:合肥工业大学出版社,2016.12

ISBN 978 - 7 - 5650 - 3240 - 0

Ⅰ.①政… Ⅱ.①谢… Ⅲ.①电子政务—对比研究—中国、美国 Ⅳ.①D63 - 39②D771. 23 - 39

中国版本图书馆 CIP 数据核字(2017)第 013123 号

政务微博危机传播实践与效果
——中美比较视角

谢起慧 著　　　　　　　　　责任编辑　王钱超

出　版	合肥工业大学出版社	版　次	2016 年 12 月第 1 版
地　址	合肥市屯溪路 193 号	印　次	2017 年 3 月第 1 次印刷
邮　编	230009	开　本	710 毫米×1000 毫米　1/16
电　话	人文编辑部:0551 - 62903205	印　张	9.75
	市场营销部:0551 - 62903198	字　数	142 千字
网　址	www.hfutpress.com.cn	印　刷	安徽昶颉包装印务有限责任公司
E-mail	hfutpress@ 163.com	发　行	全国新华书店

ISBN 978 - 7 - 5650 - 3240 - 0　　　　　　　定价: 28.00 元

如果有影响阅读的印装质量问题,请与出版社市场营销部联系调换。

序

当今世界，无论是中国还是全球其他国家，在踏入新世纪的同时也都踏进了风险社会新阶段。以重大转型期的中国而论，确实凸显着经济、社会、文化的巨大转变，各种各样的危机事件呈明显的快速上升趋势。与此同时，随着强挑战下公共管理理论和实践的深入探索，我国应急管理体系向风险治理体系升级的转变也正处于积极的建设进程中，其中，社交媒体的出现和超常发育给大众传播领域带来深刻变革，各类危机事件的传播方式和治理策略也受到了巨大的影响。在新的舆情传播与管理环境中，政府在危机发生后如何使用社交媒体进行危机传播、引导舆论，以降低风险，已成为风险治理体系的不容忽视的重要组成部分。

从公共管理视角，如何借鉴发达国家政务微博危机传播的实践经验和处置教训，需要进行相关政策和案例的整理。作者谢起慧根据访学美国哈佛大学肯尼迪政府学院等的经历和资料搜集，对美国危机国情、应急管理体系、社交媒体发展和社交媒体危机应对政策进行了较为详尽的梳理，并与我国相关管理与治理实践进行比较研究，对我国政府实践具有参考意义。

从新闻传播视角，微博的媒体属性经常被研究，而其具有的社交属性却较少被用于实证研究。政务微博具有的媒体属性是政务信息传播功能，社交属性是促进公众表达、与公众互动的功能。作者对两种属性的传播效果分别进行了研究，这是本文的积极探索之处。同时，内容分析法和问卷调查法共同被用于测量传播效果，兼顾线上的公众行为和线下的公众满意度，有利于客观全面地进行传播效果实证。

祝愿本书的出版，可以为我国政务微博与危机传播领域贡献治理政策、案例资料和新的研究视角。

汤书昆

2016 年 11 月 18 日

内容摘要

政务微博是目前各国政府危机传播的重要工具之一，中美作为危机应急管理体系比较完善的国家，两者政务微博危机传播政策、实践和效果的比较研究，对促进我国社交媒体危机传播具有一定的现实意义。

目前，有不少学者和专家对政务微博以及其在危机应对中发挥的作用进行了研究，而本书的创新之处在于：首先，对中美两国的社交媒体危机应对政策进行了梳理和总结，对应急政策制定有一定参考价值。其次，关于政务微博危机传播的研究，多聚焦其媒体属性发挥的新闻传播功能，但是，政务微博作为社交媒体之一，其社交属性发挥的公众参与功能如何体现？如何和媒体属性一起帮助政府应对危机探讨较少，本书对此进行了重点研究。最后，有关传播效果的研究，多单一使用内容分析法或者问卷调查法，为反映政务微博线上公众使用行为和线下公众满意度代表的不同传播效果，本文同时采用内容分析法和问卷调查法，从线上和线下的角度分别分析了中美政务微博在危机传播中的效果。

第一章，将对研究背景、研究意义以及本书的贡献与不足之处进行概述；对危机、危机传播、政务微博、微博属性和传播效果等概念进行了界定。

第二章，对相关研究现状进行综述。首先对危机传播理论在传统媒体时代和社交媒体时代经历的演变进行总结；其次对政务微博与危机传播的研究进行综述，同时根据微博属性，研究了政务微博媒体属性和社交属性在危机传播中使用的主要理论和研究方法；最后，总结了基于公众视角的传播效果研究方法，包括内容分析法和问卷调查法。

第三章，对中国和美国的政府微博危机传播政策进行了比较。总结中美在危机国情、应急管理体系、社交媒体发展等方面的异同；同时，也研究指出，美国已经形成了相对完善的社交媒体危机应对指导体系，而中国的社交媒体危机应对政策体现在各级应急预案中。

第四章，选取四个案例进行实践案例分析，分别代表中美紧急危机和突发危机。选取纽约市综合政府机构应对2012年飓风桑迪和北京市综合政府机构应对2012年"7·21"暴雨事件作为紧急危机代表进行案例研究；选取波士顿警察局应对2013年马拉松爆炸案和上海市公安局应对2014年外滩踩踏事件作为突发危机进行案例研究。

第五章，采用内容分析法对政务微博危机传播效果进行实证研究。首先，从危机类型、媒介工具、危机发生时间和地方政府应对四个方面研究了纽约市应对飓风桑迪和北京市应对"7·21"暴雨案例。其次，详细阐述了内容分析的类目：媒体属性、社交属性和传播效果。媒体属性由议题构建反映，通过文献综述将议题分为信息框架、行动框架和观点框架，信息框架包括危情更新、公共信息、疏散命令和谣言澄清4个指标；行动框架包括领导能力、事故处理、减灾措施、部门合作和邀请公众5个指标；观点框架包括安抚公众、意见建议和不确定性3个指标。社交属性由获取公众信息、公众提问和政府回复3个指标来测量。传播效果由公众转发行为和评价态度来反映。

第六章，采用问卷调查法对政务微博危机传播效果进行实证研究。选取纽约市和北京市危机中在政务微博上留言或转发过的公众为对象，调查公众对两市政务微博危机传播的线下满意度。设计了12个媒体属性和5个社交属性的问卷量表，调查了公众满意度。

本书在中美两国政务微博危机传播效果比较中得出的主要结论为：

第一，美国重点构建信息框架议题，中国重点构建观点框架。美国政府更想通过政务微博告知公众各种危机信息，而中国政府更想通过政务微博向公众表达政府观点。美国政府传达的危机信息中，以公共服务信息最多；中国政府表达的观点中，对公众情绪的安抚和对公众危机中行为的意见和建议较多。

　　第二，政府重点构建的议题传播效果并不好。美国政务微博重点构建信息框架，但是信息框架公众正面评价比值较低，且公众平均转发量也较少；中国政务微博重点构建观点框架新闻，但是观点框架公众正面评价比值较低，且公众平均转发量也较少。存在着政府构建重点和公众关注重点的不同，在危机中，政府想要重点传达的新闻框架，不一定是公众关注的重点。

　　第三，行动框架议题传播效果较好。行动框架议题的公众评价正面比值都较多、公众转发也较多。消防局和警察局等行动部门政务微博的传播效果都较好。

　　第四，中国政务微博社交属性使用较多，但是满意度较低。我国政务微博危机传播公众参与各指标测度普遍高于美国，但是社交属性的满意度指标却都低于美国。

　　结合中美政务微博危机传播政策、案例和效果的比较结果，得出危机中我国政务微博能力提升的启示：加强构建公众关系的议题；加强使用政务微博的社交属性；加强网络舆论的监控。同时提出了在社交媒体时代我国应急管理体系的改革创新意见。社交媒体时代，应急管理对象有所增加，如：危机网络传播、网络危机产生以及网络空间安全。为了成功地利用社交媒体展开危机传播，我国政府应借鉴美国政府的成功经验，要在充分结合我国国情、充分构建基层应急机制、充分把握我国公众心理、充分提高"90后"网络素质等"四个充分"上下功夫。

目　录

第 1 章 绪   论

1.1 背景与意义

1.1.1 选题背景

人类社会自诞生以来就面临着各种危机的挑战。近年来，不论是 2005 年卡特里娜飓风、2008 年中国汶川大地震、2010 年巴基斯坦大洪水和 2011 年日本台风和核危机等各种自然和人工的灾害；还是 2003 年 SARS、2009 年 H1N1 等大规模公共健康危机；抑或是 2001 年 9 · 11 袭击、2013 年波士顿爆炸案等恐怖袭击带来的危机；还有 2014 年末上海外滩踩踏事件、2013 年韩亚航空公司空难、2014 年马航 MH370 失联等突发公共危机，其应对都给各国政府带来了巨大的挑战。在信息传播技术盛行的新媒体时代，作为新媒体重要组成部分的社交媒体，已经被广泛应用在政府危机管理的各个方面，使得各国在新的危机环境下出现新的危机应对形势：社交媒体可以使危机信息比传统媒体时代更为快速和广泛地传播，短时间内使得大范围公众得知危机而造成恐慌；由于社交媒体具有"自媒体"的特点，人人都可以在社交媒体上发布信息，消息来源缺乏了传统媒体的专业性和权威性，这样一方面不实信息可能大量传播，另一方面也使得大量对政府消息的批判得到快速广泛传播，造成公众对政府信息的质疑。在这样的时代背景下，作为政府应急管理的重要工作之一，对如何使用社交媒体进行危机传播的研究就变得十分重要。而政务微博作为我国政务社交媒体的典型代表，提升其危机应对中的功能，是有效结合我国电子政务和应急管理、应对社交媒体带来挑战的必经之路。

1.1.2　选题意义

中国和美国都是危机频发的国家，应急管理体系都相对成熟，然而社交媒体如同双刃剑，同时为两国政府危机应对带来了巨大的机遇和挑战。一方面，社交媒体使得危机快速和广泛地传播，很多危机甚至是由其而引发的；另一方面，政府可以利用社交媒体公布危机信息，减少公众恐慌，社交媒体也提供了政府和公众沟通交流的平台。面对社交媒体给危机管理带来的新挑战，政府不应该抵制社交媒体的使用，而应积极接触和学习使用，利用其传播速度快、传播范围广、传播主体多等特点，在危机应对中利用社交媒体公布信息，减少公众恐慌，将挑战化为机遇；在社交媒体上获取公众发布的重要信息，加以分析利用，提高危机应对的效率；政府还应该在社交媒体上为公众自由表达提供场所，使得公众可以自由地表达对政府的意见和建议；同时针对批判和质疑及时做出回应，对舆情进行引导和疏通，及时平息谣言。

所以，本文的研究意义在于：首先，研究政府如何使用政务微博应对危机、解决危机，与公众沟通、提高公众的支持度，是提高政府突发事件应对能力、增强政府危机意识的重要支撑。其次，比较中美两国在"微博"环境下危机传播的表现，进行互补，可以扬长避短，有利于提出针对我国的社交媒体危机传播的正确意见和建议，也可以促进新媒体时代危机传播的理论和实践发展。

1.2　概念的界定

1.2.1　危机、危机管理与危机传播

国内外对于危机的名称有很多种，国外有：Crisis、Risk、Emergency，

Disaster；国内有：突发事件、公共危机、公共安全、灾害等。其实危机可以涉及多个领域，个人、组织、社会、国家等领域都可能产生危机。本文研究的危机，是指危机事件，将危机领域限定在社会影响方面。美国学者 Uriel Rosenthal 认为，当某个事件严重威胁了社会系统的基本价值和行为准则，要求管理者在不确定性极高的情况下迅速决策，就产生了危机事件（HartP，1989）。分类的方法不同，危机事件的类型也不同。

　　按照危机事件的处理对象类型，我国在 2007 年颁布的《突发事件应对法》中，将危机分为：以气象灾害、地质灾害、海洋灾害、生物灾害、森林草原火灾等为处理对象的自然灾害；以如矿难、大面积停电、公共设备设施事故、环境污染等人工突发事故为处理对象的事故灾难；以传染病疫情和食品安全事件等为处理对象的突发公共卫生事件；以刑事案件、经济安全、恐怖袭击、大规模上访事件等为处理对象的社会安全事件。

　　而按照危机的形成机制，可将其分为突发危机（Sudden Crisis）和紧急危机（Emergent Crisis），如图 1 - 1 所示危机形成曲线。事件的日常操作是一条

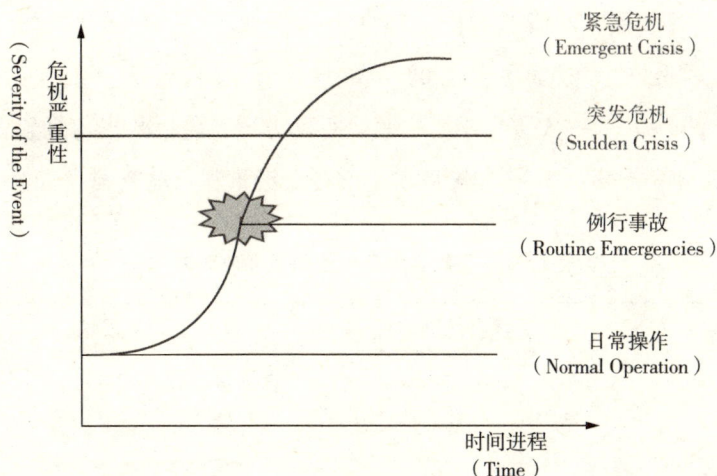

图 1 - 1　危机形成曲线①

————————

① 根据哈佛大学肯尼迪政府学院《Emergency Management》课程讲义翻译整理。

平稳的直线；如果事件一开始就脱离常态，就成了突发危机，突发危机的严重性是一直保持较高的水平；杀伤力最大、最严重的危机在初期并不严重，并且以例行事故形态出现，但其后续发展却因没有妥善的因应，在某一节点没有成功控制，导致严重性急速扩大，形成了紧急危机。

而危机管理（Crisis Management）就是要随时掌握事件的变化，在判断属于紧急危机（Emergent Crisis）时，即应提高处理层级及策略，如能有积极的准备并勇于面对问题，就能在关键的时刻（如上图爆炸符号所指之时段），将紧急危机（Emergent Crisis）转化成例行事故（Routine Emergencies），也就能减轻严重性（Severity）至可控制的范围内，这就是最好的危机管理。此外，危机管理还包括了对突发危机的处理和对没成功控制成例行事故形成的紧急危机进行准备、应对和恢复。

不同类型危机所涵盖的状况及应采取的必要行动如表1-1所示。

危机的发生，会对社会或公众造成一定的伤害。政府必须高度重视、及时决策、认真应对、妥当处置、措施得力、转危为机，进行必要的危机管理。按照危机时序发展，政府的危机管理分为三个阶段：一是准备阶段（Prepare phase）——聚焦于灾害发生前的认知与了解预期行为；二是反应阶段（Respond phase）——灾害发生时之紧急行动方案，包括救援与复建；三是重建阶段（Recover phase）——灾害发生后之长期重建行动方案。

表1-1　不同类型危机的特点和应对方式

例行事故	紧急危机	突发危机
*风险小 *大致可预测	*突然发生，不在计划之中 *风险大 *结果好坏取决于决策 *需要紧急行动 *一般性紧急事件可以预测	*突然发生，不在计划之中 *风险大 *结果好坏取决于决策 *需要紧急行动 *前所未见 *原先决定的行动也许并不适用，甚至可能有反效果

（续表）

例行事故	紧急危机	突发危机
·采取制式行动	·事先准备及演练应变措施，并在处理事件时随时调整	·须培养诊断问题、实时因应、沟通及团结合作的技能

　　而政府在危机管理中，如何与组织、公众进行有效的信息交流和沟通，特别是如何面对危机的直接受害者，都要求政府进行科学的危机传播："在危机事件发生之前、之中以及之后，介于组织和其公众之间的传播"（Coombs，2001）。进行科学的危机传播，才能实现有效的危机管理，政府要转危为机、赢得声誉，就必须进行科学的危机传播和有效的危机管理。

　　西方学者对危机传播及其管理早有深入的研究。诺曼·R. 奥古斯丁将危机管理划为六个阶段：危机预防、危机准备、危机确认、危机控制、危机解决和危机总结。罗伯特·希斯提出了危机管理范畴的 4R 模式：缩减（Reduction）、预备（Readiness）、反应（Response）和恢复（Recovery）。在实现危机的有效传播和管理等方面，都具有一定的借鉴价值（侯迎忠，赵梦琪，2012）。

1.2.2　政务微博

1.2.2.1　社交媒体及其对传播方式的改变

　　社交媒体是以 Web 2.0 互联网技术为基础的用户自主创造和交换信息的平台（O'Reilly，2007），以各种在线信息公布系统的形式存在，如邮件列表、新闻组以及最近博客（Tepper，2003）和微型博客（如推特、微博）。个人成为在线信息的来源，并自由与他人交流观点、看法、经验和预测（Marken，2007），信息的消费者也同时成为信息的生产者。这就为一种新的媒体形式——"自媒体"的产生提供了可能性。在"自媒体"上，人人可以发布信息并与传统大众媒体竞争。近年来，社交媒体已经开始进入了政府办公生涯并且成为政府促进公众参与、提高政务公开化和提升公共服务的有效工具（Oliveira and Welch，2013）。了解公众的诉求是政府机构使用社交媒体的主要原因（Mergel，2013）。社交媒体方便有效的信息交流方式使得它成为一种重要工具，用于向公众使用、开发和传播信息，同时为公众参与公共事务和与全社会互动提供了便利条件。

由图1-2和1-3中可以看到，社交媒体使得政府危机传播途径发生了改变，即从图1-2所示的政府到大众媒体到公众的单向传播，变成了如图1-3所示的政府、社交媒体和公众的双向传播，同时大众媒体的功能有所减弱。

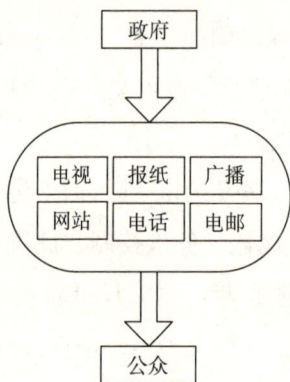

图1-2　传统危机传播途径　　　　　　　图1-3　社交媒体危机传播途径

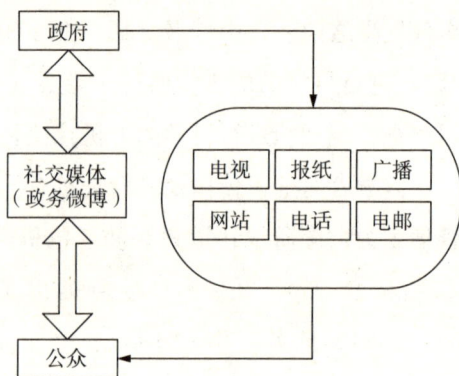

1.2.2.2　社交媒体的分类

根据中国互联网络研究中心的报告，社交媒体分为以下三种类型：社交网站、微博和即时通信。

社交网站包括狭义社交网站和移动社交网站。狭义社交网站是指和美国Facebook类似的社交媒体，鼓励用户用真实信息进行社交（陈昌凤，仇筠茜，2013）。在我国，这类网站主要包括QQ空间、朋友网、人人网、开心网、豆瓣网、微视、啪啪等。而移动社交网站指通过手机、平板电脑等移动设备访问上述社交网站，访问手段既包括通过网页访问，也包括通过上述网站专门为移动终端推出的客户端。

微博是Micro Blog的简称，是一个基于用户关系的信息分享、传播以及获取平台，用户可以通过WEB、WAP以及各种客户端组建个人社区，以140字左右的文字更新信息，并实现即时分享。目前我国各大门户网站都已经发展了微博业务。如腾讯微博、新浪微博、网易微博等。

即时通信类社交媒体（Instant Messaging）简称 IM，常称作聊天软件和工具等。其能够通过有线或者无线设备，登录互联网并且实现用户间利用文字、语音或者视频等进行实时沟通（王金成，2013）。在我国，如微信、易信等。即时通信工具经过发展，部分已经在传统满足人们聊天社交功能的基础上，发展成为用户全方位的社交活动平台。此外，专门针对移动设备开发的移动即时通信工具（Mobile Instant Messaging），简称"MIM"也应运而生，并产生了巨大影响。

微博作为社交媒体之一，晚于一般意义上的社交网站诞生，但是发展速度以及使用行为与社交网站相比都有较大的不同，其发展速度快，传播迅速，在短期内拥有大量用户，并且因为其 140 字的特点，信息内容简洁明了。本研究选择微博类社交媒体作为代表进行案例分析。

微博这一形式来源于 2006 年美国创立的推特（Twitter）。在我国，虽然 2007 年就出现了推特类社交网站"饭否"，但是直到 2009 年新浪微博上线以后，微博这一中文词汇才真正出现，并成了指代这种新型社交网站或客户端应用的专有名词。

目前，各国政府机构及其工作人员纷纷在微博上开设认证账号，进行政务信息公开和交流，被称为政务微博。地方政务微博，是指地方政府机构开设的官方微博账号。美国政务"微博"的载体是与微博对应的推特。早在 2008 年美国大选期间，推特的政治作用就已经凸显，奥巴马团队将推特作为其草根竞选计划的中心（吴明霞，2012），并在其当选后，大力推行"开放式政府行动"（Open Government Initiative）。

地方政务微博危机传播，就是在危机事件过程中，在政务微博上进行的地方政府和公众之间传播，它是一种地方政府主导的行为。中国和美国都是危机频发的国家，应急管理体系都相对成熟，然而政务微博的出现，为政府危机传播带来了新的机遇和挑战，同时地方政府是面对危机的直接机构，也是第一反应机构。比较中美两国在微博环境下地方政府危机传播的表现，进行互补，有利于新媒体时代危机传播理论和实践的发展。

1.2.3 微博属性

1.2.3.1 微博的属性之争

微博作为一种社交媒体，具有双重属性即社交属性和媒体属性。首先，微博被当作传统媒体，用于信息传播，虽然字数限定在140以内，但是其具有的附件功能，可以添加大量的图片、视频等形式的新闻。其次，微博是社交媒体的一种，用户通过微博来与其他用户进行联系和交流，如关注熟人的微博并及时回复，用于促进人际关系，又如利用私信功能进行一对一的联系（王清华，2012）。

其实不仅仅是微博，所有的社交媒体都具有双面属性，社交网站和即时通信类社交媒体都具有社交属性和媒体属性。那么在社交媒体上，这两个属性哪个更强呢？理解不同，社交媒体的选择不同。研究表明，公众更喜欢通过社交网站和即时通信类社交媒体与他人沟通，也就是利用其社交属性；而公众通过微博的转发评论关注他人动态、利用私信功能与他人联系的同时，更重视从微博上获取新闻和意见领袖的动态，也就是同时利用其媒体属性和社交属性（KwakH，2010）。微博的媒体属性和其传播特点，使得政府在危机传播中可以比传统方式更迅速地传播危机信息、通知公众；同时微博的社交属性，又使得政府可在危机中获取公众信息、解答公众提问、与公众互动，从而促进公众参与危机传播。要全面分析微博的传播效果，就必须对其媒体属性和社交属性的效果分别进行分析。

1.2.3.2 政务微博属性在危机传播中的功能

以政务微博为代表的政务社交媒体优势，在地方政府的危机传播中将更好地发挥。在危机中，政府使用社交媒体可直接迅速地分享和再分享新闻，不通过记者和传统媒体的中介到达大量受众，这一功能利用了微博的媒体属性。此外，公众发布的重要信息如营救、急救、求救信息、资源、捐赠、交通等，可以直接被政府部门所获取，从而促进改善应对和灾后恢复的措施；政府政务微博也提供了一个公众表达的平台，发表他们对于政府行动的意见和建议，不仅可以给公众一个抒发口，也可以促进公众参与危机管理；最后，如果政府对公众意见进行了回复，并且在社交媒体上与公众对话，政府将通过社交媒体完成与公众的互动，这就利用了微博的社交属性。政务微博在危机传播中的功能发挥和信息流向总结如图1-4所示。

如图1-4所示，在危机传播中，政务微博在危机传播中的功能主要有4个，分属于两个属性。媒体属性的功能是信息传播，这是促进信息快速传播、提高政务公开的有效方法，是政府单方向地向公众传递信息。而社交属性的功能有信息获取、公众表达平台和与公众互动工具3个方面：政府通过社交媒体获取公众发布的信息，在这一功能中，信息的流向是公众向政府流动的，从表面看，公众信息被动地被政府获取，其实，这一功能是政府主动监控和利用公众信息，主导方仍然是政府；第二是社交媒体可以为公众表达提供平台，公众直接在政府社交媒体账号上留言，或者直接以@的方式为政府提供信息、发表意见，这种情况下，信息流向也是公众向政府，但这是公众主导的信息表达，这一功能为公众参与提供了便捷、增加了机会；最后还有一个功能，社交媒体是政府与公众互动的工具，当政府对公众的表达进行回复，甚至与公众产生对话，就完成了与公众的互动，如果公众的意见和建议被政府采纳，那就是公众参与得到了具体实施的表现。

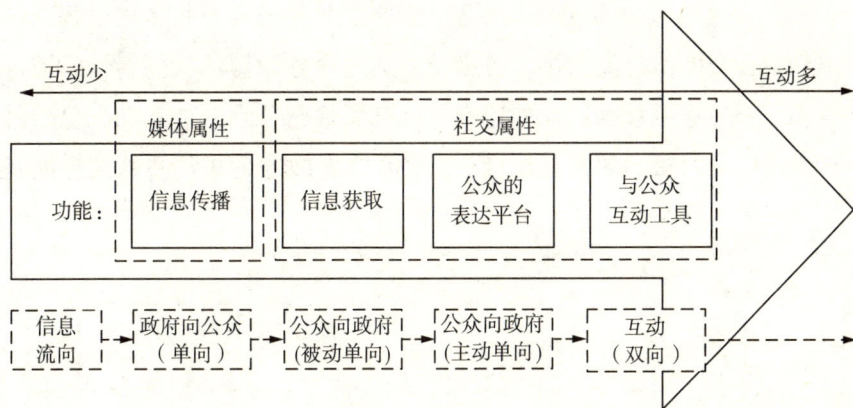

图1-4 政务微博属性在危机传播中的功能

1.2.4 传播效果

传播效果是指传播对受众行为产生的有效结果，本研究采用公众视角来反映危机传播效果，具体指受传者接收信息后，对传播内容产生的认知、情感和行为倾向，通常意味着传播活动是否实现了传播者的意图或目的。认知，是指受众对某一问题的方针、政策、行为等方面的理解和认识，是形成态度的基础，在现有研究中，通常通过公众满意度调查获得。情感，即受众在对某一问题的认知基础上所形成的喜恶评价和情感反应，对于政务微博的危机传播，可以通过公众评论中的正负面态度来分析。行为倾向，即受众对某一问题的行为准备状态。人们的认知明确后，会演变为一种情绪体验，这种情绪体验会长期作用于人们的行为，在政务微博危机传播中，公众的这种行为可以反映为转发和评论。积极的情感会使受众选择倾向性的行为，而消极的情感则会使受众选择拒绝性行为（王玫，王志敏等，2007）。

所以，本研究通过危机传播的公众评估来反映危机传播效果，即受众对地方政府在危机中社交媒体传播的认知、情感和行为倾向。也就是受众对地方政务微博危机传播的满意度形成的认知，构成了认知基础，并在认知基础上形成对此政府社交媒体危机传播的喜恶评价和情感反应，最终基于情感和喜恶选择自己的行为，也就是转发和评论行为。

如图1-5所示，本研究提出了基于政务微博的政府危机传播过程。在各级政府到达公众的信息流向中，各级政府通过政务微博的媒体属性，进行信息的发布，构建危机议题；此外还利用社交属性与公众开展互动，包括公众提问的数量以及对提问的回复数量。而公众在对政府危机传播的满意度基础

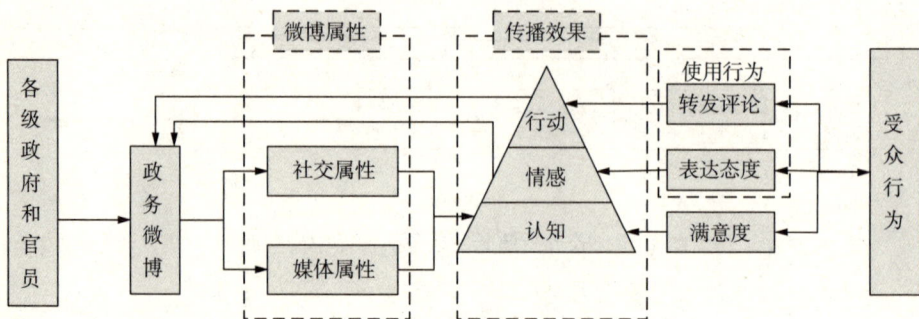

图1-5　基于政务微博的政府危机传播过程

上，通过自己转发信息的行动、评论中的正负面态度表达自己的观点，从而反映社交媒体危机传播效果。

公众对政府危机传播有一个认知和建立信任的过程，公众信任政府的前提是充分了解政府。在危机发生前，公众对政府会有一个模糊的经验认知，不论这种认知是正面还是负面，一旦形成，就很难改变。公众对政府日常形象认知很可能影响到其在危机中的满意度，而危机为政府塑造形象提供了一个很好的机会。因此，社交媒体危机传播的公众评估不仅包括危机中公众行为和态度在社交媒体上的客观反映，如转发数量、评论态度等，而且应该包括公众对政府危机传播的满意度认知，以及这种认知是否会影响其使用行为。所以，本文调查的危机传播效果，包括了公众的使用行为和使用满意度。

1.3 贡献与不足

政务微博是目前各国政府危机传播的重要工具，中美作为危机频发和应急管理体系完善的国家，哪些政策支持了其政务微博的媒体属性和社交属性在危机传播中发挥重要作用？这两个属性的危机传播效果如何？中美有何差异？这些问题都是本书的研究重点。本书主要贡献在于以下 3 点：

一是目前大多数政务微博危机传播效果的研究聚焦在政务微博单边的信息传播内容的传播效果，也就是多数研究媒体属性的传播效果；本研究不仅分析了政务微博媒体属性，也就是政府对公众的单向信息流动，还研究了政府转发公众信息，公众对于政府行为的反馈、政府与公众的互动等可以代表政务微博社交属性的可测指标，并研究社交属性的危机传播效果。

二是目前对于政务微博危机传播效果的研究，多是单一方式，要么是以内容分析研究公众使用行为，要么是以问卷调查研究公众满意度。公众使用行为是一种线上的客观指标，公众满意度是一种线下的主观指标；本研究同时进行两种分析，并一定程度研究满意度对使用行为的影响，将更为客观地反映传播效果。

三是目前对于中美政务微博危机传播的比较研究较少，而本书则对中美政务微博危机传播进行一定深度的比较研究。中国和美国都是危机频发的国家，应急管理体系都相对成熟，然而政务"微博"的出现，为两国政府的危机传播带来了新的机遇和挑战。本书通过对比两个应急管理大国的研究，以提出更为符合我国国情的意见和建议。

本书的主要不足之处在于以下几个方面：

一是中美比较案例的全面性有待深化。本研究从危机类型、媒介工具、危机发生时间和地方政府 4 个方面进行中美比较案例的选取，虽然具有合理性，但是在未来可以考虑扩大选择范围，进行更为深入的比较。

二是其他类型社交媒体的危机传播研究不足。目前，在危机中，即时通信类社交媒体的使用也较为广泛，在未来的研究中将考虑对即时通信类社交媒体的研究和比较。

三是研究价值点有待深入探讨。目前，本研究发现了政府与公众议题关注度差异、政府与公众互动对公众使用行为的影响的研究价值点。未来可以针对这些价值点进行深入探讨，如公众使用行为的影响因素分析等。

第 2 章　相关研究现状

2.1　危机传播的理论演变

本部分将重点关注传统媒体时代和社交媒体时代不同的危机传播理论。

2.1.1　传统媒体时代的危机传播研究

危机传播研究来自不少相关学科的交叉研究，如修辞学、心理学和社会学，大多都有明确的实践导向，早期比较著名的危机传播理论如表 2-1 所示。

表 2-1　著名危机传播理论

作者/年份	提出理论	主要论点和发现
Grunig, 1984	公众危机情景理论	危机不同阶段及不同情境的组织公众管理
Cancel, 1997	冲突管理中的权变理论	各种突发性因素如何影响组织对公众的立场
Benoit, 2004	形象修复理论	组织声誉与公众形象的维护策略
Coombs & Holladay, 2002	情境危机沟通理论	预测利益相关者如何认知和感知危机传播策略的理论框架，探讨危机情景危机回应策略以及情景与危机回应策略的系统

危机首先是能对政府和其他组织机构的声誉产生威胁或影响的事件，因此危机传播的最初目的是修复危机带来的声誉损失、重建公众和股东的信任。所以，早期的危机传播模型都是聚焦在：组织机构如何根据不同危机类型，选择不同应对方式，以最大限度地挽回组织声誉，其中最为著名的理论就是形象修复理论（Image Repair Theory，以下简称 IRT，Benoit，2004）和情景危机传播模型（Situational Crisis Communication Theory，以下简称 SCCT；Coombs & Holladay，2002）。虽然这两个理论都是用来分析组织和个人在危机情景下的反应和对策，但是 SCCT 相对于 IRT 的改进之处在于，对危机情境进行分类，认为以不同类型危机情境为背景，应该选择不同的反应策略。

IRT 将危机反应策略分成否认、推诿、降低冲击、修正行动和后悔道歉等5 大类主策略。SCCT 则认为危机有"受害型""事故型"和"错误型"3 种，并分别提出了应对策略。而危机传播策略可以分为：否认型（直接回击或反驳、必要时提出诉讼）、淡化型（寻找借口和合理性）、重塑型（进行补偿和道歉）和支持型（强调本组织曾经做过的相关"好事"以及获得的正面评价）。当遇到"受害型"危机时，应该采用淡化型和否认型策略；处理"事故型"危机，应该使用重塑型和淡化型等策略；处理"错误型"危机，应该采用重塑型策略。

2.1.2 社交媒体时代的危机传播研究

情景危机传播模型是建立在传统不对称的一对多传播模式上的，然而社交媒体的发展加速了多对多应对模型的形成（González-Herrero & Smith，2008）：不再是由传统的记者和新闻工作者单方面决定什么信息是与危机相关的、具有新闻价值的和可信任的。政府可以直接面向公众、企业可以直接面向股东，而公众和股东也可以直接应答、转发和讨论危机信息。社交媒体发布者可以不通过转发传统媒体的信息，直接创造和传播他们自己的危机版本。在这种环境下，有学者提出了基于社交媒体的危机传播模型（Social-Mediated

Crisis Communication Model，简称 SCCM），如图 2 - 1 所示。

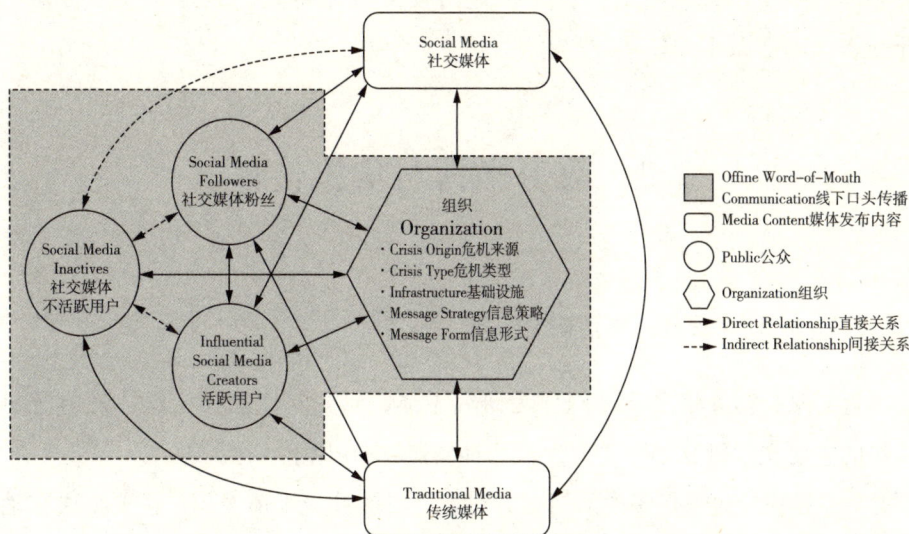

图 2 - 1　基于社交媒体的危机传播模型（SCCM）①

　　这一模型适用于任何组织机构，通过直接通知的方式，组织机构可以
直接关心它们的受众，但是由于受众也可以直接发布他们认为的信息版本，
所以组织机构也可能失去对传播途径的控制。该模型对 IRT 和 SCCT 的显著
改善是提出了信息传播媒介（传统媒体、社交媒体和线下口头传播）对公
众危机传播行为的影响，提出二次危机传播的概念，也就是公众对于组织
机构发布信息的分享和转发意向。该模型将公众分为 3 种：一是社交媒体
活跃用户，他们创造和发布危机信息；二是社交媒体粉丝，他们从社交媒
体上获取危机信息，代替传统媒体的新闻；三是社交媒体不活跃用户，有
可能从活跃用户账户上获取信息，也有可能间接通过社交媒体粉丝和传统
媒体的线下口头传播获取信息，并描述了三类公众与危机传播组织之间的

---

　　①　根据 Austin L. How Audiences Seek Out Crisis Information：Exploring the Social-Mediated Crisis
Communication Model ［J］. Journal of Applied Communication Research，2012，40：188 文中的"基于社
交媒体的危机传播模型 ISccm"译制.

关系。这一模型解释了危机传播中信息如何被直接和间接地传播，如：社交媒体活跃用户直接将危机信息传递给社交媒体粉丝，但是间接地传递给社交媒体不活跃用户。

2.2　政务微博与危机传播

2.2.1　研究现状：当前研究热点

近年来，国外将政府部门作为研究主体，研究其使用社交媒体进行危机应对的主要文献研究如表 2-2 所示，内容集中在以下 3 个方面。

一是危机应对责任集中部门在应对危机时的社交媒体使用，主要集中在消防和警察部门，因为这两个部门是最直接面对危机和处理危机的部门。Hughes 和 Denis 在 2014 年研究了警察和消防部门在飓风 Sandy 中社交媒体的使用，发现很少有部门利用网络途径应对危机，而是通过网络途径面向公众，解决公众的危机请求。此外还有 Procter 在 2013 年研究的《英格兰警方使用 Twitter 应对暴动》，Denef 在 2013 年研究的《英国警方利用社交媒体应对 2011 年 8 月暴动》，Latonero 在 2011 年研究的《洛杉矶警方在危机应对中的社交媒体使用》等，各位学者都研究了警方如何利用社交媒体传播危机信息和与公众沟通。

二是研究社交媒体和传统媒体的区别，如 Kim 和 Liu 在 2012 年发表的《危机中的社交媒体和传统媒体》一文中指出，目前政府在危机应对中使用社交媒体多于传统媒体；在 2011 年发表的《政府和企业在社交和传统媒体上对 2009 年 H1N1 流感的构建》一文中指出企业危机应对中使用传统媒体多于社交媒体。

三是政府社交媒体危机应对的理论研究，Paquette 在 2011 年的研究建立了"3-T框架"的政府社交媒体危机应对共享系统，即在危机后政府使用社交媒体进行信息的传递（Transfer）、翻译（Translate）和改变（Transform）；Griswold 在 2013 年的研究《灾害应对中的网络社区》中建立了网络现场资源整合模型。

目前国外文献关于政府危机应对中社交媒体使用的研究，对于具体危机事件的案例研究和信息资源整合、共享机制研究比较多，而危机中政府使用社交媒体的功能和作用，其理论分析较少。在案例研究中，对于警察和消防部门的研究比较多，对于其他危机责任相关政府部门的比较研究较少。同时，政府危机信息共享、资源整合研究较多，并且多采用内容分析进行量化的研究，监控和管理公众信息的重要性得到了大多数研究的认同，但是公众信息的量化分析和管理公众信息的方式方法研究较少。

表 2-2　国外政府社交媒体危机传播近年研究成果

作者/年份	研究主题	主要论点和发现
Edward F. Davis Ⅲ, Alejandro A. Alves and David Alan Sklansky, 2014	波士顿爆炸案中的社交媒体和警方领导力	波士顿警方如何使用社交媒体解决事件和与公众沟通，警方使用社交媒体的一大挑战就是监控和管理公众信息
Hughes, Denis et al., 2014	警察和消防部分在飓风 sandy 中的社交媒体使用	在飓风 sandy 的应对中很少有部门利用网络途径进行危机应对；其中使用社交媒体的部门多是利用网络面对公众的危机应对诉求
Procter, Crump et al., 2013	英格兰警方使用 Twitter 应对暴动	警方、其他机构以及个人是怎么利用 Twitter 来应对公众秩序危机
Griswold, 2013	灾害应对中的网络社区	在灾害后应对操作中，建立网络现场资源整合模型
Cooley and Jones 2013	索马里政府对 Twitter 的使用	政府社交媒体如何利用传统和非传统的信息资源
Denef, Bayerl et al., 2013	英国警方利用社交媒体应对 2011 年 8 月暴动	比较政府社交媒体应对危机的内在途径和外在途径
Kim and Liu, 2012	危机中的社交媒体和传统媒体	目前政府在危机应对中使用社交媒体多于传统媒体

（续表）

作者/年份	研究主题	主要论点和发现
Kavanaugh，Fox et al. , 2012	危机中政府使用的社交媒体	危机管理者监控自媒体信息内容，同时对可能产生公共安全的社交媒体议题进行应对
Paquette, 2011	海地地震中通过社交媒体共享信息	共享系统：3 - T 框架
Latonero and Shklovski, 2011	洛杉矶警方在危机应对中的社交媒体使用	权威信息发布官员可能影响到危机中他和他所在部门的在线工具使用，如利用社交媒体整合资源和与公众沟通
Liu and Kim, 2011	政府和企业在社交和传统媒体上对 2009 年 H1N1 流感的构建	使用社交媒体和传统媒体构建议题框架有所不同；企业使用传统媒体多于社交媒体

2.2.2 媒体属性：议题构建理论

政务微博的媒体属性代表它和大众媒体一样适用新闻传播学的研究方法，而大众传播中比较常见的新闻传播过程分析方法是运用新闻框架和议题构建理论，其对于政务微博的媒体属性一样适用。

2.2.2.1 新闻框架和议题构建

作为大众传播学中定量分析的重要理论，新闻框架的研究聚焦在两个方面，分别是从传播者的角度和从受众的角度进行研究。首先，从传播者角度的研究者认为，新闻框架是传播者在报道中的新闻选择，是新闻的中心思想（Tankard，1991）。媒体和个人利用新闻框架来调查、干预和评估信息（Neuman，1992），它包含了选择和凸显两个作用，框架是现实的某些方面，通过新闻框架，将这些方面展现给公众（Entman，1993）；新闻框架就是媒体的报道者根据新闻意义、归因推论、道德需要以及处理方法等，选择报道一个事件的某一部分（张洪忠，2001）。其次，从受众角度的研究者认为，新闻框架帮助公众关注现实问题的某些方面。有研究认为框架分析和议程设置研究的共同之处在于，都聚焦在新闻中的公共政策议题和这些议题的公众认知，但是框架分析对议程设置研究进一步深化，通过分析公众如何评价这些议题来得到公众的想法（Pan & Kosicki，1993）。此外框架分析可以用来帮助公众定位、预测和界定它们周围的信息（Goffman，1974），而新闻报道者、消息来源、受众、社会环境之间的互动是形成新闻框架的主要因素。由此可见，新闻框架是传播者对一个社会热点问题的报道选择，呈现为议题选择、来源选择等，从而将问题的某些方面展现给受众。

议题呈现理论由议程设置理论发展而来，议程设置理论是研究议题显著性或议题重要性的理论。通过文献综述总结其发展，在传统媒体时代，议程设置理论经历了理论提出、主体研究和过程研究 3 个发展阶段。

关于理论提出，普遍认为是由沃尔特·李普曼（Walter Lippmann，1922）在《舆论学》一书中最先提出的。他认为，人们对客观世界的认知不可能完全通过直接经验，而是通过新闻媒介营造的"拟态环境"。而 1968 年，美国学者马克斯韦尔·麦库姆斯（Maxwell McCombs）和唐纳德·肖（Donald Shaw）被认为系统地提出了议程设置理论，他们就当年总统竞选新闻以及人们如何对各种竞选问题的重要性进行排序做了实证性研究。结果发现，媒介对于某一问题重要程度的赋予与接受媒介报道的选民对该问题的关注程度之间有着密切的联系，对之前议程设置假设进行了验证。他们最终于 1972 年在《大众传媒的议程设置功能》一文中正式提出了议程设置理论。

在主体研究阶段，主要研究了谁设置议程这一问题，换一个角度来说，也就是研究了议程设置的影响因素。冯克豪斯（Funkhouser，1973）认为，媒介影响公众对某一议题关注的程度，取决于 5 种具体的影响机制；丹尼利恩和瑞斯（Reese Danielian，1989）认为，影响媒介议程的力量主要是来自精英媒介。

过程研究阶段的学者认为，媒介通过议题的设置、向公众倡议、入媒介议程，影响了公众认知和政策制定者的注意，从而影响了政策议程。综合议程设置过程的概念，本书认为议题呈现是在某一社会议题的媒体报道过程中，选择该问题的某些方面进行报道，从而影响公众对该议题的认知

（王寅，2012）。

2.2.2.2 危机议题框架

在危机事件形成的初期，一个组织和机构如何构建危机议题框架是至关重要的（Murphree, Reber & Blevens, 2009）。危机议题框架是通过人为的筛选，在全面的危机中，提炼危机的某些议题，通过危机传播将危机的某些方面展现给受众。组织机构通过危机议题框架的构建，为公众刻画危机形象（De Vries, 2004），定义一个危机的紧急性、状况，并且进行有关危机的讨论（Entman, 2003；Tankard, 2001）。尽管不同的文化共鸣、道德价值观以及不同媒体提供的议题差异都会影响到公众是否接受议题框架，但是不可否认这一理论为危机传播的研究提供了定量分析的可行性（Edy & Meirick, 2007；Luther & Zhou, 2005）。

其实在任何面向公众的传播中，构建议题框架对于政府和其他组织机构来说都是重要手段。Zoch & Molleda（2006）认为对组织机构公众传播的议题框架分析有 4 个主要的功能：定义事件、鉴定起因、道德判断和解决方案。危机议题框架的分析使得研究者可以发现组织机构是如何缩小危机事件、提炼它们想要公众知道的危机议题的，也可以帮助发现这些组织机构的危机传播最终是否有效。在传统媒体时代，学者通过组织机构在媒体上发布的信息来分析它们的公众问题议题框架，在新媒体时代的今天，学者可以直接分析组织机构面向公众的议题构建。

危机议题构建可以追溯到 1991 年，Iyengar（1991）先锋性地研究了媒体如何构建贫穷、犯罪和雇佣议题，之后学者们就开始了对组织机构和媒体如何构建不同类型社会议题的研究。而危机传播领域学者随后的持续研究，多次鉴定了组织机构面向公众传播通常使用的 4 种危机议题：责任归因、冲突、经济后果和人类利益（Cho & Gower, 2006；Semetko & Valkenburg, 2000）。此外，针对公共卫生危机，使用过 4 种常用议题：采取措施、新的证据、安抚人心和不确定性（Shih, Wijaya & Brossard, 2008）；以及 5 种议题构建：疾病检测、疾病预防、医疗服务、生活方式的风险因素和科学发现（Higgins, Naylor, Berry, O'Conner & McLean, 2006；Umphrey, 2003）。针对灾害危机，学者界定了组织机构经常使用的 7 种灾害议题：周年纪念、协作、人情味、领导、季节性、严重性和特殊事件（Liu，2009）。还有学者采用信息框架、行动框架和观点框架（Hughes，Denis et al.，2014）对自然灾害议题框架进行构建。

2.2.3　社交属性：公众参与理论

政务微博的社交属性是指利用政务微博社交媒体的功能和特点，开展的政府与公众之间互动的行为。政务微博的用户即政府，通过微博来与其他用户也就是浏览政务微博的公众进行联系和交流。政府的一个重要任务就是在危机传播中促进公众的参与。本研究对政府在危机传播中促进公众参与的理论进行了总结，发现公众参与方式有两种：一是被动参与，即政府主动获取公众在微博上发布的信息；二是主动参与，即公众在政务微博上转发、评论以及表达态度。

2.2.3.1　公众参与的理论形成

最早期和最相关的研究是 Sherry R. Arnstein 在 1969 年提出的"公众参与的阶梯（A Ladder of Citizen Participation）"，可以用一个八层的梯子形状来表示，如表 2-3 所示：

表 2-3　公众参与的阶梯

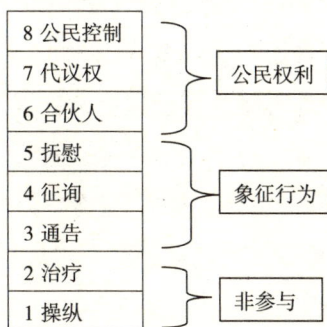

基于"公众参与的阶梯"在公众参与理论的广泛应用，很多学者将"公众参与的阶梯"作为基础模型进行进一步的深入研究。McDaniels 和 Fields 在

1999 年的研究中设计了一个"隐形的阶梯",指出通过向公众暗示"让公众决策是最高形式的公众参与",可能影响公众对政府的信任;Ruhl 也在 1999 年用"合作联邦主义(Cooperative Federalism)"这一短语来表达一个新型的管理模式,用来解释从联邦到地方级别的权力,相对 Arnstein 早期的理论,这种模式更加强调国家机构和公众之间可能发生的互动类型,从他的观点来看,强迫、合作和协调可以代表公共决策管理的 3 种方式。

2.2.3.2 公众参与的理论应用

在理论应用阶段,学者将公众参与理论应用到各种公共决策中并分析应用结果。Mike Beazley 在 1994 年研究了公众参与城市工程规划;Laura Gwen Solitare 在 2001 年研究了公众参与居民区的褐色土地再利用;Karan. Davis 在 2010 年开展了"公众参与城市规划水平"的课题。在灾害管理方面,Mary GriesezKweit & Rovert W. Kweit 2004 年研究了"灾后恢复的公众参与和公众评估";Kruahongs 在 2008 年研究了"社区参与海啸的灾害应对和恢复"。

2.2.3.3 公众参与的效果评估

一项对公众参与理论的重要抨击就是它们仅仅表现为咨询的形式,在缓解公众对政府行动不信任中没有任何真正意义上的帮助,从而被认为是无用的和没有必要的(Rowe & Frewer,2000)。所以,有些学者明确提议要建立有效公众参与满意度的评判标准,用有效的数据界定公众参与的效果,使得公众参与的作用可视化:Fiorino(2006 年)、Laurian & Shaw(2008 年)、Webler(1995 年)分别探讨了包含了有效特征的评价理论;Rowe & Frewer(2000 年)提出了可以被分为两类的评价标准框架,分别为结果标准和过程标准;Laurian & Shaw(2008 年)提出了有区别的基于过程、基于结果和基于用户的三种不同标准。对于"成功的公众参与",也有很多学者提出了定义,但由于公众参与过程和机制的多重目标和期望,定义"成功的公众参与"是一项复杂的工作,也有不同的理论:Webler(1995 年)强调"成功的公众参与"是指达到公平和胜任的目标。

2.2.3.4 政府社交媒体促进公众参与

政府社交媒体危机传播的公众参与形式有两种:一种是政府监控获取公

众信息，在这一形式中，公众被动参与；一种是公众在社交媒体上向政府提出质疑和求助，政府进行回复，双方开展有效的对话，在这一形式中公众是主动参与。

有些研究指出政府使用社交媒体的一个重要原因是用来追踪公众观点中的危险信息。政府机构利用官方账号来监视社交媒体上的公众行为。监视的目的有两个：一是从公众中获取信息，二是阻止不真实信息的传播。实际上，大规模长时间的聚众活动，如游行、展览等的网络讨论平台长久以来一直被政府所监控，这些平台包括国际化的网络资源，如 Youtube 和 Twitter 以及其他手机移动应用。这种监控帮助社区领导人和公众保持被及时通知一些有用信息，如多变的事件发展、群众反馈以及对事件的观点和看法。Palen，Hughes 和 colleagues（Hughes &Palen，2009；Hughes，Palen，Sutton，Liu & Vieweg，2008）对基于信息技术的公众参与危机管理以及 Zuckerman 对非洲选举的研究（Zuckerman，2009）也都涉及政府在社交媒体上监控公众行为，这些研究尤其聚焦在灾害和公民社会运动后 Twitter 的使用，像大众政策传播、暴动和叛乱等。

社交媒体长久以来在政治中被人称颂的另一点是它通过促进参与和互动帮助公众更好地与政府沟通和交流（Li & Bernoff，2008；Solis & Breakenridge，2009）。然而，对危机管理中公众参与行为的研究，在社交媒体出现以前就已经进行，公众驱动的紧急响应是公众自身在危机应对中占有一席之地的早期形式，例如，在 2004 年和 2005 年 Gul 海岸飓风中，受灾地区的民众利用公众图书馆来查询灾况信息、寻找失散的家人以及和朋友亲戚联络（Jaeger，Langa，McClure & Bertot，2007）；在英国的手足口病疫情暴发时，一个当地农民社区利用草根电脑网络来与他人交流、交换信息、提供感情支持和安慰（Hagar，C. & Haythornthwaite，2005）。进入新媒体时代后，定量方法和定性方法都被用来研究和鉴定社交媒体对危机中公众参与的促进效果，定量分析主要分析内容、框架、回复、转发或者危机中公众发布信息的感情，如 Yan Qu（2011）发现，灾况更新、表达选择、情感支持以及行动号召是危机后社交媒体上公众行为的主要 4 个目的；Mai Miyabe（2012）发现公众危机中社交媒体行为的规则，灾害地区的人民比非灾害地区的人民更喜欢转发，而信息流向多为灾害地区向其他地区传播。定性分析多使用案例分析来讨论公众通过社交媒体参与危机应对的细节和时间（Sutton，Palen & Shklovski，2008；Palen L，Hiltz S R & Liu S B，2007）。

尽管公众决心在政府社交媒体账号上表达和参与危机应对（Morsing & Schultz，2006；Capriotti & Moreno，2007），但是研究证明，政府虽然反复在它们的网站和社交媒体账号上强调与公众互动的原则，但是这没有改变它们的传媒策略，让它们在危机中主动响应社交媒体公众行为。研究显示，政府很少利用社交网站和博客来进行与公众的对话，相反，它们的第一重点是与公众的信息共享（Seltzer & Mitrook，2007；Bortree & Seltzer，2009）。类似的结果有英国议会成员宁愿使用博客来推销自己而不愿意让他们的选民参与（Jackson，2008）。更常见的是，Facebook 已经被广泛应用在政府的信息转播和多媒体文件的共享中，却没有在与民众的对话中使用（Waters et al.，2009；Paris et al.，2010）。Coombs（2007）总结道，政府机构、非营利组织和营利组织都不可能在网络上互动，除非它们被迫要在一个危机中保护它们机构的荣誉。另外，政府在网络上更倾向于单向的信息流向以及对公众问题进行尽量简短的回复（Cooper & Owen，2007；Glenny，2008）。另一研究也表明，政府更依赖于单向的传播来通知和教育公众，而不是双向的平等对话（Waters & Williams，2011）。

所以本研究将评估现有的中央政府或者地方政府在社交媒体上进行危机传播时如何与公众沟通交流，是否在与公众互动上有进步，是否有与其他研究不同的地方。

2.3 危机传播的效果研究

2.3.1 公众视角的传播效果

库姆斯（Coombs，1996）认为："危机事件的经验，可使组织学习到更多东西"，并提出了两条危机传播评估管道：一是"策略表现的评估"，从危机管理过程检验危机应对策略是否适当。策略评估的主要依据是，危机相关文件、危机处理小组的表现、媒体报道资料、相关利益关系人的反馈意见等。二是"影响面的评估"，从危机事件在组织各层面所造成的损害这一方面来进行。本书将着重讨论"策略表现的评估"，即从政府社交媒体危机传播的全过程出发，检验政府与公众的风险沟通和危机传播策略是否恰当而有效。

有研究认为，政府危机传播应该通过"议程设置、媒体态度和公众态度"3 个方面进行评估（侯迎忠，赵楚琪，2013），但是在社交媒体视角下，应该有所不同。社交媒体上的危机传播与传统危机传播的不同之处在于，社交媒体将免去传统媒体传播的环节，直接面向公众，议程设置和公众态度将成为政府危机传播的主要评估手段。

2.3.2　传播效果的研究方法

目前从公众视角出发的危机传播效果的研究方法主要有两种：一种是内容分析法，一种是问卷调查法。其中内容分析法主要对已经发生的危机事件中公众的使用行为进行客观统计；而问卷调查法主要调查公众满意度。

内容分析法由研究者伯纳德·贝雷尔森（Bemard Berelson）提出，主要是对媒体报道的内容、频率、规模、主题等进行描述性统计的一种研究方法。本书主要针对危机传播效果研究中，基于内容分析法对公众使用行为进行研究的文献加以梳理。目前，该方面的文献主要分为两个方面：第一，危机事件中传播机制等宏观方面的公众使用行为，如转发机制等的研究。如，孔大为（2013）基于 2011 年微博上代表性的突发事件，以内容分析法对微博传播转发等机制进行了研究，探索出新型传播模式的各传播要素之间的关系。第二，危机事件中传播效果要素、影响因素等微观方面公众使用行为的研究，如，于晶（2010）基于"政府—媒体—公众"模式，分析媒体报道的内容，对以政府为信源的信息引用程度及不同信源的转发等功能进行了评价；于盼盼（2011）使用内容分析法，将我国在不同危机事件中的处理表现进行以公众情感为代表的传播效果分析及其影响因素探析；蒋菁菁（2014）对龙江河镉污染等事件政务微博的博文进行了分析和研究，探讨了政务微博危机传播的传播特征、功能和效果。综上所述，目前基于内容分析的传播效果研究，多以公众使用行为代表传播效果，并大多集中在转发行为、情感效果研究等方面。本研究也采用这种分析方法，以公众转发行为和评价态度作为传播效果的一部分。

通过文献检索发现，危机传播效果研究中，问卷调查法大多是针对公众满意度进行研究。如：徐娜（2011）基于公众满意度理论对我国广东、江苏、湖北、江西、广西、吉林六省份进行问卷调查；李国平（2008）等从我国某沿海城市新区的城市管理现状及其市民的评价等方面，对公众参与及满意度进行了问卷调查；乔羽佳（2012）以2011年11月16日甘肃省正宁县的校车事件为依据，对11月16日至29日14天内关注此次事件信息发布的新浪微博用户进行了问卷调研。大多数研究都指出：公众满意度是指公众接收政府公开信息后的总体感知与接受前的期望值进行比较后产生的"差距"，即公众对政府信息公开的总体感受和主观评价（朱红灿，喻凯西，2012）。因为公众满意度是接收政府信息后的感知与期望值的比较，所以在调查问卷的设计时多采用"使用与满足"理论，主要关注用户寻求的满足和得到的满意，其中寻求的满足就是接收政府信息前的期望值。由于动机是个体在某种情况下对满足的寻求（Massey K B，2009），也可以说寻求的满足是公众的使用动机；而公众得到的满足就是接收政府信息后的总体满意感知，可以用来表示媒介使用的效果。在单纯的微博用户满意度调查中，还有一类研究是公众满意度对公众使用行为的影响（王清华，朱岩，闻中，2012），专门针对危机传播公众满意度和使用行为之间的关系，目前的研究还较少。这主要是因为目前危机传播效果的研究中，多是以单一方法为主，基于内容分析法的公众使用行为研究和基于问卷调查法的公众满意度研究往往只使用一种。公众使用行为是一种线上的客观指标，公众满意度是一种线下的主观指标，本研究同时进行两种分析，将更为客观地反映传播效果。

第3章　政务微博危机传播政策的中美比较研究

3.1　中美危机国情比较

国情是一个国家的社会性质、政治、经济、文化等方面的基本情况和特点。危机国情指的是一个国家某一时期，常见危机的基本情况和特点。总结危机国情，可以了解一个国家危机发生频率、高发危机种类、危机特征。比较中美两国的危机国情，可以对中美两国的危机特点进行比较，从而为两个国家政府危机应对比较的可行性提供证据支撑，体现两国危机应对比较的价值。我们从中美两国根据自身国情制定的法律文件对危机的分类出发，来比较两国危机国情。

根据 2007 年 11 月 1 日起施行的《中华人民共和国突发事件应对法》表述，"突发事件"是指突然发生，造成或者可能造成严重社会危害，需要采取应急处置措施予以应对的自然灾害、事故灾害、公共卫生事件和社会安全事件。

而美国法律将危机分为自然灾害、社会秩序型灾害和技术发展型灾害 3 大类（吴量福［美］，2004）。自然灾害与中国的内涵相同；技术发展型灾害泛指人类社会由技术和经济发展而产生的灾难，包括交通运输上的失事，高层建筑的倒塌，化学物品、毒气和有害药物的泄漏、核物质泄漏等；社会秩序型灾害包括两大类：恐怖活动和社会动荡，这种灾害比自然灾害更能引起公众恐慌。

根据中美政府对危机的分类，结合两国国情，可以得到以下两国危机国情的结论。

3.1.1 中美两国都有严重的自然灾害危机

中国幅员辽阔，自古就自然灾害多发。对于中国古代的农耕文明来说，干旱、洪水对农业生产影响巨大，地震更是灭顶之灾，每次自然灾害都伴随着百姓流离失所、苦不堪言。进入现代社会以来，现代工业对自然环境产生影响，灾害逐年增加，特别是近年来多次地震无情地袭击了中国大陆，更别提其他类型的自然灾害同时袭击了这片土地，造成了巨大的人员和财产损失。表3-1是我国民政部统计的2006年到2011年中国因自然灾害而遭受的人员和财产损失。

表3-1　中国2006—2011年自然灾害损失（数据来源：中国民政统计年鉴）

年份	死亡人数	直接经济损失 （单位：10亿人民币）	损失面积 （单位：公顷）	自然灾害类型
2006	3186	2528.1	4109.1	地震、台风、干旱
2007	2325	2363	4819.25	洪水、泥石流
2008	88928	11752.4	3999	暴风雪、地震
2009	1528	2523.7	47213.7	干旱、暴风雪、暴雨
2010	6541	5339.9	37425.9	冰雹、台风、地震
2011	1014	3096.4	32470.5	冰雹、台风、洪水

而美国和中国一样地域辽阔，自然灾害也在全国各地不停地发生。据统计，在1980年至2001年的22年间，仅与气象有关且经济损失在10亿美元以上的自然灾害次数就有52次，经济损失总额高达2800多亿美元。其中，从1989年到1993年，自然灾害造成的经济损失平均每年约33亿美元；1994年到1997年，自然灾害造成的经济损失平均每年上升到130亿美元，而同期仅

联邦政府的减灾费用就达 200 多亿美元（吕峰，2003）。进入 21 世纪以来，美国更是频繁受到各类飓风、龙卷风和暴雨的危害。2005 年飓风卡特里娜袭击美国南部，经济损失高达 800 亿美元，1800 多人死亡和 100 多万人的流离失所，使它成为美国历史上最严重的自然灾害，并对美国的政府应急管理体系改革产生了深远影响；2011 年，美国至少有 12 次自然灾害的损失超过 10 亿美元，总数将超过 500 亿美元。

由此可见，中美两国都具有严重的自然灾害危机和丰富的自然灾害危机应对经验。近年来，造成巨大损失的灾害中，美国的飓风类灾害较多，如 2005 年飓风"卡特里娜"、2011 年飓风"艾琳"、2012 年飓风"桑迪"等，而中国的地震类灾害较多，如 2008 年汶川地震、2010 年玉树地震和 2013 年芦山地震。究其原因，可能与美国三面临海，中国内陆较多有关。

3.1.2　中美两国政府注重的危机类型不同

中国政府对公共卫生危机的注重多。在中国，公共卫生危机更加贴近公众，受到舆论较多关注，所以政府非常重视。中国也是从 2003 的 SARS 事件后开始建立完备的应急管理体系。在中国的公共卫生危机中，食品安全危机更加受到政府和公众的关注。自从 2003 年中国奶制品安全事件以后，媒体对中国大陆的食品安全报道力度大增①，以揭发曝光与中国大陆有关的假冒伪劣食用产品或"黑心食品"为新闻重点。中国政府为了更好地监管农业生产以及食品的生产、包装、化学添加剂使用和药品生产等，同时也面临了大量来自公众和国际上对食品安全问题关注的压力，于 2003 年成立了国家食品药品监督管理局，以加强对食品安全的监管。国家食品药品监督管理局在 2007 年初做的一项调查表明，65% 的受访者表示关注食品安全问题。2010 年 7 月 21 日，中华人民共和国卫生部发布的首个《食品安全预警公告》，就食品中毒等

---

① 维基百科，大陆食品安全事件［EB/OL］．［2014-9-16］．http：//zh. wikipedia. org/wiki/中国大陆食品安全事件列表．

进行预警①。

美国政府对社会秩序型危机注重多。恐怖危机是奥巴马在 2014 年国情咨文中唯一提到的危机。美国自从 2003 年 "9·11" 事件后，对恐怖危机预防和应对的投入就相当庞大。在 "9·11" 事件之后，美国本土还多次发生了暴力恐怖袭击事件。如 2009 年 11 月 6 日，美国陆军德克萨斯州胡德堡（Fort Hood）基地发生枪击事件，3 名美军士兵持枪打死 12 人，打伤 31 人。2013 年 4 月 15 日，当波士顿马拉松比赛正在举行的时候，发生了连环爆炸案，造成 3 人死亡，近 200 人受伤。2013 年 11 月 1 日，在洛杉矶国际机场，一名年轻人持枪射杀了 1 名美国联邦运输安全委员会的官员。美国执法部门在组织体制、指挥和协调机制、人员训练等方面都建立了比较完备的模式，以应对恐怖危机（梅建明，2014）。

3.2　中美应急管理体系比较

危机应对是应急管理准备、应对和恢复三个阶段中的一个重要阶段。所以危机应对体系也是植生在应急管理体系中的，是应急管理体系中专门针对危机应对阶段的体系。这里，我们先研究应急管理体系的总体概况，然后对危机应对体系专门分析。

3.2.1　美国以国家事件管理系统为核心

美国的应急管理体系经历了 3 个不同的发展阶段（张维平，2013），第一个阶段为公共安全预警和应急管理法律体系成立阶段。

早期的美国应急管理以预防和补救为主，以严格的前期标准对一些灾害隐患进行预防，并且以商业保险的形式进行补救，并没有统一的应急管理体

---

① 维基百科．中华人民共和国的食品安全［EB/OL］．［2014-9-16］．http：//zh. wikipedia. org/wiki/中华人民共和国食品安全．

系。1803 年新罕布什尔州的朴茨茅斯大火损失严重，使得州政府增加州税以补偿火灾后的损失。随后美国国会采纳了这种做法，国会立法为地方政府提供联邦援助，才有了应急管理体系的雏形。但是每次都是专案处理，直到《1950 联邦救灾援助法案（The Federal Disaster Act of 1950）》的通过，才使得联邦政府参与地方政府灾后应对、恢复具有了法理依据。1974 年，联邦《1974 灾难救济法案》的通过，使得联邦政府拥有了统一协调联邦和州一级的灾难预防标准和警报系统。到这时，美国建立了完善的公共安全预警和应急管理法律体系。

第二个阶段为成立联邦公共安全预警和应急管理署。1979 年，在美国州长联合会强烈要求下，原美国总统卡特，签署了成立联邦公共安全预警和应急管理署（FEMA）的命令，确立了美国联邦政府在全国范围内的应急管理领导地位。FEMA 建立了国家事件管理体系（NIMS），以这个体系一可以调动的资源，包括政府、企业、非政府组织等，一起应对危机。FEMA 下设 10 个区域分局，针对本区域灾害特点协调相关州具体应急事务。州和地方政府负有处理危机的主要责任，当危机超过州和地方政府的能力时，联邦政府才提供补充性帮助，而当危机成为跨区域时，FEMA 就成为不同政府的协调机构。

第三个阶段为应急管理与国家安全保障相结合阶段。进入 21 世纪后，有两个重要事件影响了美国应急管理系统的发展，一是"9·11"事件导致了 2002 年美国《国土安全法》的出台。在此法基础上，2003 年原美国总统布什签署成立了国土安全部，不仅 FEMA 被并入该部成为突发事件准备局（EPR），它还协调指挥 22 个机构，如司法部的移民规划局、农业部的动植物检疫局、交通部的交通安全局，这些机构既独立分工，又相互合作，构成了新的应急管理系统。二是 2005 年卡特里娜飓风应对的频频失误导致了 2006 年《后卡特里娜应急管理改革法》出台。在此法基础上，国土安全部对 FEMA 进行了扩权，并成立了风险管理与分析办公室（ORMA），进一步完善优化了应急管理系统。目前美国的应急管理体系主要是由 FEMA 制定的国家危机应对框架（National Response Framework，NRF）对国家危机应对总体框架进行标准化和规范化；而国家事件系统（Nation Incident Management

System，NIMS）对危机应对的具体操作进行了规定。

1. 事件管理系统

NIMS 包括准备、通讯和信息管理、资源管理、指挥和管理、前景管理和维修 5 个部分。其中准备部分相当于我国的应急预案；通讯和信息管理主要负责协调通讯政策和计划，为有效的通讯和信息管理提供基础；资源管理主要负责危机中救助资源的提供、发放；指挥和管理是 NIMS 的重要组成部分，主要由事件指挥系统（Incident Command System）构成，危机发生后，各级不同的政府都将组成事件指挥小组，进行危机应对，相当于我国的应急机制中的危机应对机制；前景管理和维修主要是进行灾后恢复。

其中"指挥和管理"是 NIMS 的精髓之所在，主要包括突发事件指挥系统（ICS）、多机构协调系统（MACS）和公共信息系统（PIS）3 个组织系统。ICS 是应急指挥的实施工具，由指挥、运作、计划、后勤和财务、行政管理 5 个功能组成，不论事件大小、类型，普遍适用；MACS 将人员、程序、行动方案、专业工作和通信各要素整合成通用系统；PIS 则保证了信息的传递和共享（蔡冠华，黎伟，2013）。

2. 危机应对框架

国家危机应对框架的主要职能是挽救生命、保护财产和环境，并在发生事故后，满足人类的基本需求。NRF 覆盖了 14 个主要核心职能：规划，公共信息和预警，业务协调，关键运输，环境反应/健康和安全，病死率管理服务，基础设施系统，群体关怀服务，大规模搜救行动，现场安全防范，业务通讯，公共和私人服务和资源，公共卫生和医疗服务，态势评估。

3.2.2 中国以各级应急管理预案为核心

中国应急管理体系发展经历了两个时期（王骚，2013）。第一个时期是从新中国成立到 2003 年，这一代的应急管理体系是高度集中的专案应对型体系。从体制上来说，主要是一个高度集中的治理体系，在部门之间有很细的分工；在机制上，危机管理与日常管理不是绝对对立的，危机管理是日常管理在危机状态下的延伸，危机事件发生后通常会成立一个应急管理指挥部。

2003 年"非典"事件后，第一代应急管理系统的缺陷暴露无遗：风险意识不强，反应迟钝，不同部门间协调不够，信息公开迟缓等。在吸取了"非典"抗争的经验后，经过自上而下的持续努力，目前我国形成了以"一案三制"为主的第二代应急管理系统："一案"即应急预案，"三制"是指建立健全应急管理的体制、机制和法制。我国在 2006 年制定了《国家突发公共事件总体应急预案》、2007 年颁布了《中华人民共和国突发事件应对法》，为应急管理的预案制定提供了法律依据。

《国家突发公共事件总体应急预案》规定，国务院是管理公共危机事件和执行危机应对的最高行政机构。国务院在 2006 年 4 月成立了国家应急管理办公室来作为全国的应急管理操作部门，发挥运转枢纽作用。它的主要职能是执行国家应急管理的日常工作、应对公共安全事件、收集实时信息，同时协调人力资源、财政、物资资源、交通、药品、通讯等各个部门的关系和合作。此外应急管理机构还包含：各个中央部门（在危机时负责相对应危机的工作）、各地方政府的应急管理机构以及专家组（在危机应对中根据需要提供专业建议）。

在第一代危机管理体系中，中国公共危机的管理是由与危机属性相符合的部委直接负责管理。例如，中国地震局负责地震灾害；中国气象局负责气候相关灾害；水利部负责洪水和干旱；卫生部负责流行病和公共健康相关危机，等等。在各级地方政府中也有对应的部门管理相关危机。而在新的危机管理体系中，中国危机管理在"一个办公室四个委员会"的基本框架下操作。这一框架将危机分为 4 个类型：自然灾害、事故灾难、公共卫生安全和社会安全事件（如犯罪、大规模抗议等）。每种类型的危机都有一个对应的中央政府部门负责：自然灾害对应国家减灾委员会、事故灾害对应国务院安全生产委员会、公共卫生事件对应全国爱国卫生运动委员会、社会安全危机对应中央社会管理综合治理委员会。

此外，除了已有的部门中的对应中心，在三个部委中新成立了对应的管理中心，像卫生部成立了中国疾病预防和控制中心、民政部建立了国家减灾中心、国家安全生产监督管理局成立了中国安全生产监督中心，等等。在地方政府层面，也有与国家机构相对应的灾害风险和社会安全管理机构。中国中央政府危机应对和应急管理机构最终设置如图3-1所示。

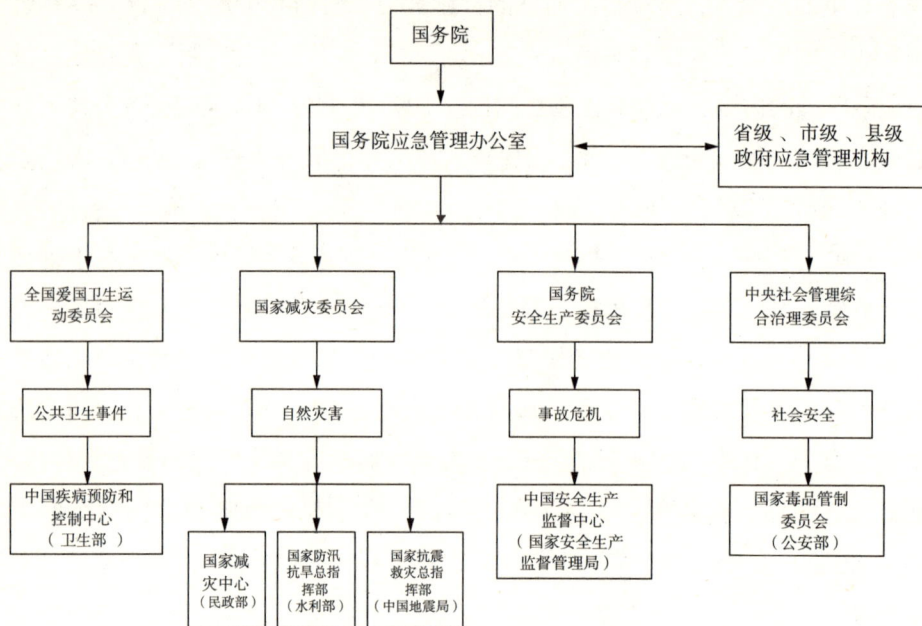

图3-1　中央政府危机应对机构设置

危机应对的运作是指在对危机的响应中，政府机构采取的行动、做出的反应、采取的措施以解决危机造成的财产和其他损失、民众恐慌等，以及进行立即的修复以便减少灾害带来的影响、迅速恢复正常状态。

在自然灾害时期，各级政府的应急管理办公室和减灾委员会将全权负责危机应对，并与民政部、公安部、军队等部门紧密合作。各专业部门将和地方政府紧密联合，以确保营救任务顺利开展，救灾物资以及相关信息根据需要及时到位。根据危机的属性、损害的严重程度、可控性以及影响范围，危机被分为4级：一级为最高级别，红色等级；二级为严重级别，橙色等级；三级为相对严重级别，黄色等级；四级为一般级别，蓝色等级。《国家突发公共事件总体应急预案》规定，一级和二级的危机事件，必须在4个小时内向国务院报告。有关危机的信息也必须及时精确地通过广播、电视、报纸网络和其他媒体通知公众，需要采取特定的举措来确保老人、医院中的病人以及学校中的老师和学生可以有途径获得消息。总的来说，不同严重性的危机被不同级别的政府来处理，情况越严重，负责应对和决策的政府和部门级别就越高。

3.3 中美社交媒体发展现状比较

本书选取中美具有代表性的社交媒体平台"新浪微博"和"推特"的发展进行比较。研究发现，中美社交媒体发展都经历了成立阶段、危机中重大作用凸显阶段、用户量突破 5 亿的阶段、政治中的重大作用凸显阶段以及上市阶段 5 个阶段，并且两者发展早期都体现了在危机中可以发挥重大作用，但是相对于新浪微博发展阶段，推特的政治宣传功能在较早阶段就体现了出来。

3.3.1 二者发展都经历了 5 个阶段

表 3-2 微博初期市场发展

产品名称	上线时间
做啥网	2007 年正式上线
饭否	2009 年 1 月
嘀咕网	2009 年 2 月 8 日正式上线
同学网、9911 微博客	2009 年 5 月
叽歪、Follow5	2009 年 6 月
新浪微博	2009 年 5 月，新浪 CEO 计划进军微博业务，迅速进入调研 2009 年 8 月 28 日，新浪微博低调内测
百度 i 贴吧	2009 年 11 月
搜狐微博	2009 年 12 月 14 日上线，2010 年 4 月 11 日开放公测
网易微博	2010 年 1 月 20 日内测
腾讯微博	2010 年 4 月 1 日启动对外小规模测试
凤凰微博	2010 年 4 月 6 日内测

表3-2 反映了微博发展初期的市场情况，2007 年中国第一家微博类社交媒体做啥网开张，2009 年微博被提出，2010 年国内微博崛起，微博市场进入激烈的竞争状态。自 2012 年下半年起，微博市场开始出现转折，腾讯将社交战略中心转移，搜狐、网易微博一直没有新举措，新浪微博逐渐成为微博的代名词。根据中国互联网络研究中心 2014 年最新的调查结果显示，在我国网民中，微博覆盖率为 43.6%，新浪微博的渗透率居各微博之首。所以，本书选择新浪微博作为中国微博的代表。

梳理新浪微博发展中的大事件，本研究认为其发展经历了成立阶段、危机中重大作用凸显阶段、用户量突破 5 亿的阶段、政治中的重大作用凸显阶段以及上市阶段，如表3-3 所示：

表3-3　新浪微博发展阶段

发展阶段	标志事件	详情
成立阶段	2009 年 8 月，新浪微博上线	迅速成长为中国最具影响力的微博
危机中重大作用凸显阶段	2011 年 7 月 23 日动车事件的微博传播，国际社会普遍关注	新浪微博上针对政府工作的社会舆论在短时间大量传播，让人们正视起社交媒体不可忽略的力量，也使国际社会对新浪微博在突发事件中的作用产生了研究兴趣
用户量突破 5 亿阶段	2012 年，微博抢占社交网站市场	该年度的中国网民社交网站应用研究报告中指出微博目前在短时间内已经发展成为超过一半中国网民使用的主流互联网应用
	2012 年 12 月，用户达 5.03 亿	月活跃用户（MAU）数量和日活跃用户（DAU）数量分别达到 1.291 亿和 6140 万（Engadget 中国版，20013）
政治中的重大作用凸显阶段	2013 年初，专门报道习近平总书记的微博账号出现	在建立的短短两个半月的时间里，"学习粉丝团"以非认证身份，凭借其独家照片和对习近平考察行程的微博直播收获了 7.5 万余粉丝（腾讯网，2013）

（续表）

发展阶段	标志事件	详情
上市阶段	2013 年 4 月 29 日，阿里巴巴入股新浪微博	阿里巴巴以 5.86 亿美元购入新浪微博公司发行的优先股和普通股，占微博公司全稀释摊薄后总股份的约 18%（和讯科技网，2013）
	2014 年 3 月 27 日，新浪微博正式更名为"微博"	拿掉"新浪"两个字之后的"微博"在架构上成为独立公司，与新浪网一起构成新浪公司的重要两级（百度百科，2014）
	北京时间 2014 年 4 月 17 日，上市	成为全球范围内首家上市的中文社交媒体，首日收盘，股价大涨 3.24 美元至 20.24 美元，涨幅达 19.06%（新浪网，2014）

　　Twitter 的发展经历可以由表 3-4 显示，研究发现其与微博经历了相同的发展阶段，即成立阶段、危机中重大作用凸显阶段、政治中的重大作用凸显阶段、用户量突破 5 亿的阶段以及上市阶段 5 个阶段。

表 3-4　推特发展阶段

发展阶段	标志事件	详情
成立阶段	2006 年 5 月，Twttr 上线	Twitter 最初的名字是"Twttr"，其主色调是绿色和白色
危机中重大作用凸显阶段	2006 年 8 月，用户通过 Twttr 传播旧金山地震相关信息	2006 年 8 月旧金山地震时，相关消息通过 Twttr 很快传播出去
政治中的重大作用凸显阶段	2006 年秋季，Twttr 更名为 Twitter	Twttr 不仅更名为 Twitter，主色调变为蓝色和白色
	2008 年 11 月，奥巴马团队在大选中的使用	奥巴马使用的草根竞选计划，采用推特作为主要阵地

（续表）

发展阶段	标志事件	详情
用户量突破5亿阶段	2008年秋，Facebook尝试收购Twitter	2008年秋，Facebook提出了收购Twitter的计划，1亿美元现金和4亿美元股票的报价遭到了拒绝
	2009年9月，Twitter融资1亿美元	Twitter融资估值为10亿美元
	2012年3月，用户突破5亿	其中全球月活跃用户量1.4亿（张春梅，2013）
上市阶段	北京时间2013年11月7日，上市	正式在纽交所上市，发行价26美元，但开盘即大涨73%，至45.1美元（新浪网，2014）

3.3.2 危机中的重大作用都在早期凸显

新浪微博和Twitter在成立阶段之后，其在危机中能够发挥的重大作用都已经有所凸显。新浪微博在2009年成立后不久，在2011年7月23日动车事件中的微博传播，就受到了国际社会普遍关注，新浪微博针对政府工作的社会舆论在短时间大量传播，让人们正视起社交媒体不可忽视的力量，也让国际社会对新浪微博在突发事件中的作用产生了研究兴趣。而Twitter在2006年5月成立，就在2006年8月的旧金山地震中发挥了重大作用。用户通过Twitter传播旧金山地震相关信息，并得到快速扩散。

3.3.3 推特政治宣传作用发挥较早

但不同的是，新浪微博的政治作用是在用户突破5亿阶段以后凸显的，而Twitter的政治作用在其发展初期，在危机中重大作用凸显阶段后就已经显现出来。2008年，奥巴马团队利用Twitter进行宣传、竞选总统取得成功，奥巴马将Twitter作为其草根竞选计划的"中心"。2013年初，新浪微博在用户突破5亿阶段后，专门报道习近平总书记的微博账号出现，建立短短两个半月的时间里，"学习粉丝团"以非认证身份，凭借其独家照片和对习近平总书记考察行程的微博直播就收获了7.5万余粉丝。到这时，新浪微博在中国政治宣传中的作用才逐渐被确认。

3.4　中美社交媒体危机传播政策比较

社交媒体危机传播政策是指政府出台的规定在危机应对中，如何正确、及时使用社交媒体的政策。它是对政府危机应对中社交媒体使用的规范和指导，是应急管理和政府宣传工作的重要组成，有些政策在应急管理政策中体现，有些政策可以在网络管理、宣传机制中体现。

3.4.1　美国形成社交媒体危机应对指导体系

美国联邦政府的主要社交媒体政策是形成对各级地方政府社交媒体危机应对的指导体系，如图3-2所示。

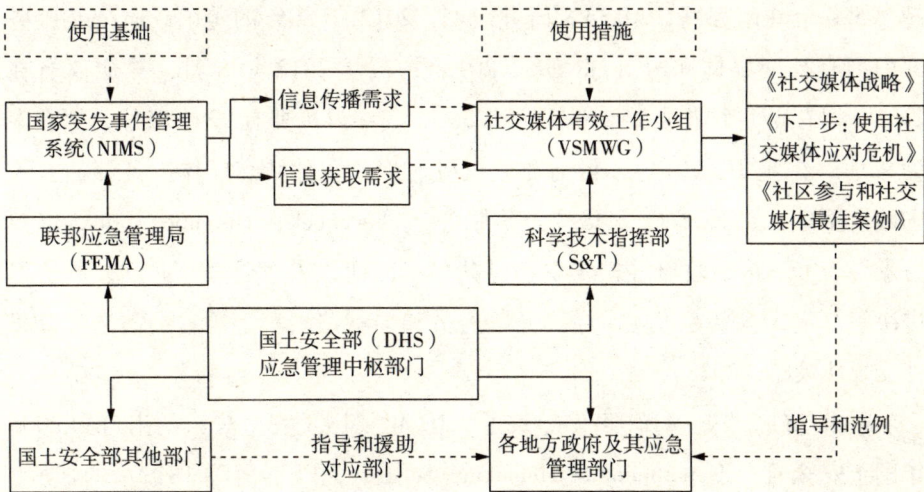

图3-2　美国联邦政府社交媒体危机应对指导体系

在该指导体系中，DHS 作为应急管理中枢部门，也是社交媒体使用指导的核心。首先，其通过 FEMA 指导的 NIMS，是社交媒体的使用基础；其次，DHS 的使用措施如成立 VSMWG、颁布指导性文件，是各地方政府社交媒体政策制定和具体使用的参考范例；此外，DHS 协调指挥 22 个机构，如司法部的移民规划局、农业部的动植物检疫局、交通部的交通安全局，这些机构既独立分工，又相互合作（张梦中，2003），为各地方政府对应部门提供物质援助、工作指导，在信息传播中将提供信息咨询。联邦政府社交媒体危机应对指导体系指导各部门和各级地方政府的社交媒体实践。

1. 使用基础

鉴于社交媒体能够发挥的功能、社交媒体拥有的用户基础和需求基础，美国政府采取有效措施，在危机应对中重视社交媒体的使用。

用户基础。早在 2008 年美国大选期间，社交媒体的政治作用就已经凸显，奥巴马团队将"推特"作为其草根竞选计划的中心（吴明霞，2012），并在其当选后，大力推行"开放式政府行动"（Open Government Initiative）。美国各级政府和官员随后纷纷设立社交媒体官方账号，用于公开政府信息和与公众沟通。据统计，2011 年初，以联邦政府机构名义开设的 Twitter 账号已超过 500 个（南都网，2013）；研究表明，2012 年 80% 的美国政府公共服务部门拥有社交媒体账号（Oliveira，2013）；截至 2012 年 8 月，美众议员在 Twitter 拥有 371 个账号、拥有率为 85.3%，美参议员拥有 92 个账号，拥有率为 92%（朱星华，2013）。目前在危机应对中，多种社交媒体工具都拥有美国政府用户，如 Twitter、SMS（短信服务）、Facebook、YouTube、Flickr 以及谷歌寻人等，帮助政府轻松实现信息共享、传播、灾情通知、谣言控制、促进决策制定、志愿者管理、寻找失散人员和捐献请求等多项目的需求（DHS 社交媒体策略，2013）。

需求基础。"9·11"事件导致了 2002 年《国土安全法》的出台和 2003 年国土安全部（Department of Homeland Security，以下简称 DHS）的成立。2003 年 2 月 28 日，美国总统签署了国家安全第 5 号总统令（HSPD－5），指示由 DHS 成立并管理联邦应急管理局（FEMA），并负责运行国家突发事件管理系统（National Incident Management System，以下简称 NIMS）（卢一郡，贾红轩，2007），作为美国主要的应急管理体系。随着新媒体时代的到来，NIMS 于 2005 年和 2008 年进行了两次修改和调整，突显了对信息的需求。2008 年最新 NIMS 修改为 5 部分：准备、通讯和信息管理、资源管理、指挥和管理、前景管理和维修。应急管理体系的信息需求，可以通过社交媒体的功能轻松实现，为社交媒体的使用提供了需求基础。

对信息传播的需求。在"通讯和信息管理"部分最新规定：在各级政府制定的传播政策中必须包括危机警示、危机通知、公众传播的具体方法；标准化的危机应对传播除了指挥部门之间的战略传播、指挥部门和执行部门之间的战术传播、执行部门之间的协同传播，还必须包括危机预警、警报和新闻发布等的公众传播（DHS NIMS，2014）。这就对危机应对中面向公众的信息传播提出了硬性要求。此外，该部分还在 2008 年修订版中规定了标准化的传播方式，除了广播、专业术语、建立信息中心等，应急管理部门的个人和组织，应当使用网络或者以网络为基础的其他资源来进行信息传播，其中社交媒体是重要资源。因此美国政府应急管理体系对信息传播，尤其是社交媒体的信息传播具有需求。

对信息获取的需求。2008 年版 NIMS 的"指挥和管理"部分由事件指挥系统、多部门协作系统和公共信息系统组成。在公共信息系统和事件指挥系统中，都设立了公共信息办公室和公共信息官员，负责面对公众、媒体和其他危机信息需求方。其职责是传播真实、可获得、及时的危机原因、规模和现状、资源分配以及其他公众感兴趣议题的信息，用于政府对内和对外的使用。公共信息系统规定了公共信息官员传播信息的程序：收集、确认、再组、公布。其中收集信息的途径有：现场指挥官、现场公共信息官员、监控媒体新闻、公众或者社区领导人参与（DHS NIMS，2014）。监控媒体新闻指利用现有媒体报道内容，来鉴别发展趋势和具有价值的议题，而社交媒体作为新兴的一种"自媒体"形式，其报道内容比传统媒体更具有影响性，也将成为危机应对体系监控的对象。公众或者社区领导人的参与途径除了直接询问外，社交媒体作为公众表达的平台，可以直接获取公众意愿，比当面询问更加快捷、全面。因此，美国政府应急管理体系还有对信息获取的需求，而使用社交媒体可以很好地满足这一需求。

2. 使用措施

进入 21 世纪以来，在美国的主要城市，尤其是在数次应对大型飓风（如 2005 年卡特里娜、2011 年艾琳、2012 年桑迪等）的实践中，越来越多的政府部门选择使用社交媒体分享信息和与公众互动。然而，使用社交媒体技术，要求以新的传播政策和公众参与理论来规范危机应对机构。意识到这种需求，美国国土安全部的科学技术指挥部（DHS S&T）在 2010 年 12 月，成立了社交媒体有效工作小组（Virtual Social Media Working Group，以下简称 VSMWG），作为政府社交媒体危机应对的主要机构（DHS 社交媒体政策，2013），任务是在危机准备、应对和恢复阶段，为危机应对社区提供安全和可持续的社交技术指导和案例。VSMWG 由各级、各地方政府的相关危机理论专家组成（如表 3－5 所示），这些专家建立和收集危机应对的社交媒体最佳实践案例库和解决方案，并被公共安全部门和应急管理部门收录和使用，作为国家危机应对体系的一部分。

表 3－5　VSMWG 成员工作机构（截至 2013 年 1 月）

美国红十字会	密尔沃基［威斯康星］警察局
巴尔的摩［马里兰］警察局	蒙哥马利郡［马里兰］消防和救援部
博因顿海滩［佛罗里达］警察局	费城［宾夕法尼亚］应急管理办公室
疾病防控中心公共卫生预防办公室	费城［宾夕法尼亚］公共卫生部
夏洛茨维尔市［弗吉尼亚］消防局	波特兰［俄勒冈］国家事故管理组织、林务局
克拉克［华盛顿］地区紧急服务机构	俄勒冈灾难志愿活动组织（VOAD）
费尔法克斯［弗吉尼亚州］县公共事务部	旧金山［加州］应急管理办公室
联邦应急管理局对外事务办公室	肖洛［亚利桑那］消防局
堡垒弯县［德州］健康和人权部	弗吉尼亚联邦大学
人类路（非营利组织）	华盛顿大学全球事务办公室
纽约市［纽约］应急管理办公室	

VSMWG 成立以来，共颁布了 3 个关于公共安全中社交媒体应用的指导性文件。一是 2012 年 1 月颁布的《社交媒体战略（Social Media Strategy）》：制定了社交媒体的战略，指出社交媒体对公共安全的作用，汇集政府机构使用社交媒体的最佳案例；分析了多种社交媒体工具（如 Twitter，Facebook，YouTube）在不同危机议题（如信息交流、情况更新、谣言控制、决策指挥和捐献支援等）中能发挥的作用。二是同在 2012 年 1 月颁布了《下一步：使用社交媒体应对危机（Next Steps：Social Media for Emergency Response）》，作为《社交媒体战略》的后续文件，展示了面临的新挑战，为公共安全机构使用社交媒体提供了最佳案例；并规定了政府管理公众表达和互动的基本步骤。首先，评估辖区的公众参与需求，如现有公众与政府互动的期待、公众接受的社交媒体工具；其次，选择有效的社交媒体工具，通过分析政府想要接触的受众范围，监控这些公众使用的社交媒体，从而选择合适的工具；再次，编辑信息的内容，确定信息的内容符合现有的政策要求、能够满足公众的需求；最后，在社交媒体上使用双向的信息传播方式，当公众在社交媒体上对政府的行为提出了疑问，要确保有人回复，最好是制定流程图来确保双向传播的运行。三是 2012 年 9 月颁布了《社区参与和社交媒体最佳案例（Community Engagement and Social Media Best Practices）》，面向公共安全部门和合作机构，提供了让社区成员成功使用社交媒体参与危机应对的最佳案例。以上 3 个文件是美国政府社交媒体危机应对的指导性文件，为政府使用社交媒体危机应对提供了理论支撑和实践经验。

3.4.2 中国社交媒体危机传播政策表现在各级政府应急预案中

1. 使用基础

政府危机应对中的社交媒体使用在我国同样拥有用户基础。与美国政府使用多种形式的社交媒体不同，我国政府多使用微博，开通政务微博账号。截至 2016 年末，我国新浪平台认证政务微博账号数量超过 16 万个，其中，党政机构微博客账号 125098 个；党政干部微博客账号 39424 个（人民网，

2017）。

2. 使用措施

虽然拥有良好的使用基础，但我国社交媒体的使用措施、规定等并不多，专门针对危机应对的社交媒体政策就更少了。目前，我国政府的社交媒体危机应对主要使用措施和管理主体分为4类：以"两高"关于网络生态的司法解释和互联网法律法规的修订为主的新媒体生态法律法规；以负责我国互联网信息内容监控的国家互联网信息办公室为主体颁布的社交媒体监管规定；以中国互联网信息中心（CNNIC）的社交媒体发展报告和微博自评估报告为主的社交媒体发展报告；以各级地方政府和应急管理办公室的应急预案为载体的危机信息发布规定。

新媒体生态法律法规。是指在新媒体环境下，我国立法司法部门对网络生态的司法解释和对已有互联网法律法规做出的适应社交媒体环境的修改。2013年9月9日发布的《关于办理利用信息网络实施诽谤等刑事案件适用法律若干问题的司法解释》，为依法打击网络诽谤等刑事犯罪，提供了明确的司法依据（新闻联播，2013），对社交媒体谣言的传播给予了重大打击。我国在2000年就颁布了《互联网信息服务管理办法》，目前针对该法规在新媒体时代的修订已经提上日程（新华网，2013）。

社交媒体监管规定。由负责我国互联网信息内容监控的国家互联网信息办公室颁布了一些对社交媒体使用原则的要求，如在2014年5月颁布的《关于加强党政机关网站安全管理的通知》中，对政务微博的使用进行了约束："严格对博客、微博等服务的管理，博客、微博申请注册人员原则上应限于本单位工作人员，信息发布要署实名，内容应与所从事的工作相关"。2014年8月颁布的《即时通信工具公众信息服务发展管理暂行规定》，对即时通信类社交媒体的使用进行规范。

社交媒体发展报告。是指对社交媒体用户、规模和发展变化等定期做出的评估报告。该报告用以总结社交媒体使用规律，促进监控社交媒体良性发展。目前我国主要的社交媒体发展报告分为两种：一是中国互联网信息中心每年度发布的《中国社交类应用用户行为研究报告》，对社交网站、即时通信和微博 3 大类社交媒体用户的网络渗透率、用户构成、使用习惯等进行了详细的调查；二是微博企业发布的不同类型微博自评估报告，如新浪微博所出的《新浪政务微博报告》《全国法院新浪微博运营报告》《新浪微博用户发展报告》《新浪微博媒体发展报告》等。

危机信息发布规定。目前我国国务院应急管理办公室，其网站上发布的机构设置、法律法规、典型案例中，都没有专门针对社交媒体的措施（国务院应急管理办公室，2015）。因此，在成效方面，我国中央政府并没有形成社交媒体危机应对的指导体系，以对各部门和各地方政府的社交媒体实践进行有效指导。但是在目前我国"一案三制"的应急管理系统中，主要组成部分和实际行动指导的应急预案中规定了信息发布的要点。在 2005 年颁布的总体预案中规定："事件发生的第一时间要向社会发布简要信息"，在近年来修订的地方政府预案和分类灾害预案中，有的还专门提到了社交媒体，如 2012 年颁布的《国家森林火灾应急预案》中进行了专门规定："通过授权发布、发新闻稿、接受记者采访、举行新闻发布会和专业网站、官方微博等多种方式、途径，及时、准确、客观、全面向社会发布森林火灾和应对工作信息，回应社会关切"（于和联，2013）。同时，对于信息获取的需求规定并不多，特别是公众传播的流程、信息收集的方法等都没有美国应急管理体系中的详细。在我国未来的应急预案修订中，可以考虑加入信息获取的规定。

第4章　政务微博危机传播的实践案例

为了进一步比较两国在社交媒体政策指导下的地方政府危机传播实践，我们选取不同类型的危机事件进行案例分析。在 1.2.1 部分的危机传播界定中，按照危机形成机制，可以将危机分为一开始就脱离常态的突发危机和初期不严重但没有成功控制形成的紧急危机。本文选取中美两国的紧急危机和突发危机案例，研究这两类危机的地方政府社交媒体应对。此外，由于政府可以是代表一个地方所有政府机构的总称，也可以代表某一职能单位，所以在实践案例选取时，既分析综合的政府机构，也分析某一直接面对危机的政府单位。

紧急危机在危机初期并不严重，并且以一般事故形态出现，但其后续发展却因没有妥善的因应，在某一节点没有成功控制，导致严重性急速扩大，形成了紧急危机。紧急危机的特点是时常发生，有完整的应急管理预案，发生危机时有实践经验可以参照。如自然灾害和公共卫生引发的危机，它们在一开始可能并不严重，没有引起政府的足够重视，所以没有成功控制，从而形成紧急危机。本研究选取纽约市综合政府机构应对 2012 年飓风桑迪和北京市综合政府机构应对 2012 年"7·21"暴雨事件作为紧急危机代表进行案例研究。这两个危机都是由于一开始政府没有足够的重视导致严重危机，同时这两个危机应对中政务微博都发挥了重要作用。

突发危机是指事件一开始就脱离常态，引发不同严重程度的危机。突发危机的严重性一直是较高的，如恐怖袭击、社会稳定事件等，一旦爆发，就产生严重后果，不存在由于政府不重视导致了危机加重。在这类型的危机中，一线职能部门将直面危机，甚至需要与不法分子做斗争，在政策的指导下社交媒体如何得到有效使用，将更具有研究价值。所以本研究选取波士顿警察局应对 2013 年马拉松爆炸案和上海市公安局应对 2014 年外滩踩踏事件进行案例研究，分析公安机构在突发危机中的政务微博传播实践。

4.1　纽约市政府应对 2012 年飓风桑迪

4.1.1　纽约市政府的社交媒体政策

制定文件。为了规范这些社交媒体的使用，纽约市政府颁布了《社交媒体应急草案（Social Media Emergency Protocol）》，该草案主要规定政府社交媒体使用的规范化操作，主要内容有：（1）在危机中所有政府部门发出的社交媒体信息都必须由市政厅审核通过，同时明确 6 ~ 7 人的审核员名单。（2）市政府主账号（Twitter 上的 @ NYCgov）上已经发布的信息，其他部门可以不经过审核就转发。（3）规定了各部门编写信息的语言规范，如信息的口吻必须权威并且冷静，信息中不要使用大写字母强调、不要使用感叹号等。（4）在危机中，所有社交媒体账号不要再继续发布任何与危机无关的信息，提前安排好的其他公共信息也要暂缓发布，以确保所有的信息是适用于危机的。

成立机构。同样是飓风艾琳后，纽约市政府从各个部门挑选 15 个被认为是社交媒体明星的人成立社交媒体咨询研究专责小组（Social Media Advisory and Research Taskforce，以下简称 SMART），这个小组每个月见一次面，主要负责《社交媒体应急草案》等文件的评估审核和根据实际需要更新，传达至各个政府社交媒体管理者，并确保他们熟悉相关程序。一旦一部文件被审核和修订后，将被放在政府的内网上，所有的政府雇员都可以接触到。

科学运行。纽约市社交媒体的科学运行有两条途径：一条是直接转发市政厅信息，另一条是自编信息后由市政厅审核后发布，同时又有规范性文件指导每个环节，如图4-1所示。

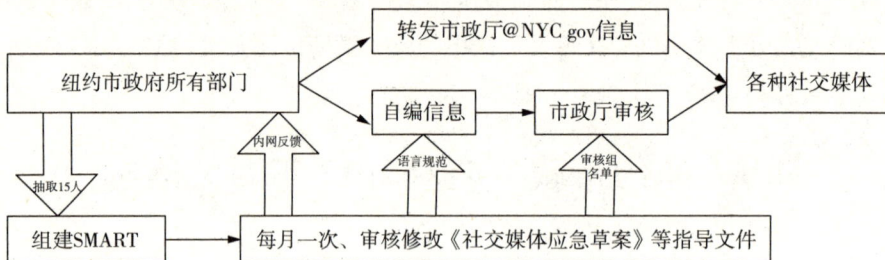

图4-1　危机中纽约市政府社交媒体运行机制

来源：根据纽约市《社交媒体应急草案》绘制

4.1.2　社交媒体应对飓风桑迪

虽然卡特里娜和桑迪同样经历了长时间的准备、应对和恢复时期，但桑迪处于和卡特里娜不同的技术时代：移动通信设备和其他移动技术、网络途径以及摄像工具已经重塑了传播方式和我们与他人沟通的方式（Veil，Buehner et al.，2011）。所以，2012年的飓风桑迪给政府应急管理者提出了一个新的挑战：在新媒体时代让公众获取信息和参与危机应对。根据对政府在Twitter发布信息的内容分析，得出了表4-1，显示了桑迪的危机发展时段和不同时段政府的社交媒体应对。

表4-1　飓风桑迪的发展阶段和政府社交媒体应对

时段	2012-10-22之前	2012-10-22~2012-10-28	2012-10-29	2012-11	2012-12至今
危机应对阶段	对飓风的长期准备	最后一刻的准备	灾害发生	快速恢复	长期恢复

桑迪在2012年10月21日以风暴的形式出现，在22日变成热带气旋，并于23日开始向美国东北海岸靠近，最终于29日在新泽西州附近登陆，造成

了 500 亿美元的损失,使它成了除了卡特里娜飓风(2005)外美国历史上第二损失严重的飓风(Shen,DeMaria et al.,2013)。它摧毁了无数家园,使数千万人失去供电。灾害一发生,各地方政府就对交通、商店和其他公共服务设施进行了快速恢复。而长期恢复则一直延续至今。

纽约市是受危害最严重的城市之一,纽约市地铁系统、很多城郊社区、所有进入曼哈顿隧道(除了 Lincoln Tunnel)的人员、财物全部被淹,纽约市证券交易市场被迫停市两天。数不清的家庭和商业被毁,在 Breezy Point(皇后区)有超过 100 户房子被毁。市区和周边郊区大面积停电数天,因为起重机坍塌,曼哈顿市中心疏散数千人,长达六天。Bellevue 医院和其他大型的医院也被迫关闭、疏散人员。此外,还有约 250,000 辆汽车被摧毁。纽约市的直接经济损失至少达到 180 亿美元(维基百科,2013)。

4.2 北京市政府应对 2012 年 "7·21" 暴雨

2012 年 7 月 21 日,北京遭遇了 61 年来最强大暴雨的袭击,引发了北京房山等地区山洪暴发和泥石流等灾害的发生。受困群众向政府有关部门求救,部分网友借助微博传递求救信息。政府采取有效措施,积极开展现场救援。同时,北京新闻办和北京消防、水润京华、平安北京、交通北京、16 区县等政府机构官方政务微博及时发送雨情信息、救援详情等,公布了暴雨造成人员死亡(死亡 77 人)及财产损失等情况,形成了正面的官方舆论氛围,引导了民间舆论。北京市 "7·21" 暴雨事件中,各政府主管的政务微博进行的危机应对主要情况如表 4-2 所示。

表 4-2 北京市 "7·21" 暴雨的政务微博应对

2012 年 7 月	大事件	应对措施	政务微博传递信息
21 日下午	北京遭遇强暴雨,引发房山等地区灾害	政府采取有效措施,积极开展现场救援	网友在微博上传递救助信息

（续表）

2012 年 7 月	大事件	应对措施	政务微博传递信息
21 日晚	北京市消防局接警	紧急组成 50 人的攻坚组，冒雨救援	官方微博向网友反馈信息
22 日	北京市政府新闻办	通报死亡情况	死亡 37 人
	网友反映因涉水熄火车辆被贴罚单	北京市常务副市长吉林表示，所贴罚单作废	对擅自贴条的当事协管员严肃处理、调离岗位
23 日	微博谣传房山区一敬老院 200 余名老人伤亡	房山区民政局及时核实	老人伤亡数为 0，并全部安全
24 日	暴雨导致的死伤数字滞后	北京市政府新闻办发言	遗体需要辨认，绝不隐瞒
25 日晚	公布受灾人口和经济损失	北京市政府新闻办召开第二次通报会	
26 日晚	公布死亡人数	北京市防汛抗旱指挥部召开新闻发布会	死亡 77 人，66 名遇难者身份已经确认

北京市政务微博还在"7·21"暴雨事件网络舆论控制中发挥了巨大的作用。针对网友的质疑和传言内容，相应的主管部门，能够及时发现问题，并采取有效舆论控制措施，取得了回应效果。对危机中网络舆论的控制，是北京市政府应对"7·21"暴雨危机的一大突出成绩。北京市政务微博的"7·21"暴雨网络舆论控制的表现如表4-3所示。

表4-3 北京市"7·21"暴雨的政务微博舆论控制

质疑和传言	回应单位	回应措施	回应效果
网友质疑死亡数字	北京市新闻办	及时发布权威信息，次日公布真实伤亡人数	化解网友对死亡数字的无端猜测
传房山区有一敬老院的 200 余名老人死亡	房山区政府	快速取证调查，积极辟谣	借助微博对灾害的救援工作进行直播，使得救援信息公开透明

（续表）

质疑和传言	回应单位	回应措施	回应效果
传言房山区军训学生被困	北京市消防局	确认事实，快速救援，成功救出被困学生	微博通告进展赢得了网民认可
网友抱怨"罚单"	北京市交管局	快速撤销不合理罚单	及时处理责任人，挽回了民意
气象信息渠道畅通问题	北京市气象局	局副局长称手机预警信息发送尚有技术障碍	气象局弄巧成拙，陷入十分被动境地，网民对此颇有微词
死亡人数	北京市防汛抗旱指挥部	及时更新死亡人数	公布受害者名单，较好地平息了民众质疑（舆情网，2013）

4.3　波士顿警察局应对 2013 年马拉松爆炸案

拓展推特账号作用。波士顿警察局于 2009 年开通了推特账号"@bostonpolice"，由媒体关系办公室指派专人管理，负责审核和发布每条推特。2011 年底，波士顿警察局还开发了"Beat"项目，运用推特话题功能，允许授权用户在发布时加上#TweetformtheBeat 标签，将信息从他们个人账号直接公布在警局官方账号上（Edward，2014）。这个项目开发后，越来越多的警局官员开通了个人账号，并在工作时利用推特账号与社区公众互动。官方账号被用来传播各种传统的警察局信息，如犯罪警报、安全警告、逮捕通知等，而"Beat"项目则更多地用来让工作人员展现他们个人的一面，方便一线工作人员直接与公众接触。此外，推特发布的消息有时还将链接到 facebook、youtube 等其他社交媒体，从而弥补了推特形式和内容的不足。

积极进行社交媒体应对。2013 年 4 月 15 日下午 2 点 49 分，在麻省爱国日举办的波士顿马拉松比赛终点附近的两处位置突然发生了爆炸，造成 3 人死亡，近 280 人受伤。这一爆炸引发了为期一周的波及全美国范围的突发事件应对。波士顿警局使用社交媒体进行了积极的应对，取得了较好的效果。4

月 19 日晚，所有嫌疑犯均已落网的消息发布后，警局的官方推特账号已经由事件前的 4 万粉丝涨到了 30 万。应对分为快速发布、谣言控制、追查疑犯和总结善后等 4 个阶段，详见表 4-4：波士顿警察局马拉松爆炸案中的社交媒体使用。从表 4-4 中也可以看到，社交媒体的使用效果是从刚开始的关注比较少（爆炸信息的转发只有 436 次），慢慢发展成为受到巨大关注（抓捕信息获取了 137660 次转发）。

表 4-4　波士顿警察局马拉松爆炸案中的社交媒体使用

（数据截止至 2014 年 12 月 9 日）

应对阶段	使用主体	使用详情	使用效果
快速发布	现场的警局官员	爆炸发生 10 分钟后，现场就有官员指挥手下在社交媒体上发布有关现场的真实情况	最早的官方信息
	警察局长 Davis	在去往爆炸现场的路上指示媒体关系办公室准备用尽一切形式的社交媒体发布准备完整的信息	充足准备
	媒体关系办公室	一小时内，官方推特账号发布了信息"波士顿警察局确认马拉松终点线发生爆炸并伴有伤亡"	转发 436 次
谣言控制	公共信息部主管、律师、新闻发言人 Cheryl Fiandac	在 4 月 15 号当天，所有官方消息都是通过推特官方账号发布的，并由公共信息部主管、律师、前电视记者 Cheryl Fiandac 审核通过	审核信息、保证信息权威性
	媒体关系办公室	利用官方推特账号及时发布需求公众帮助、通知公众和媒体、道路关闭、新闻发布会等准确信息，全程公布调查详细过程	发布正确信息，遏制流言
	新闻发言人 Cheryl Fiandac 和 3 名文职人员、2 名现场官员	监控谣言：每天听取 3~5 次现场指挥的简报；纠正网上来自公众和媒体的错误信息，如 4 月 17 日 CNN 就报道疑犯被逮捕了，并被多次转发，警局迅速出来辟谣	辟谣信息被转发 10923 次

（续表）

应对阶段	使用主体	使用详情	使用效果
追查疑犯	媒体关系办公室	FBI召开新闻发布会公布两名嫌疑犯后，波士顿警局迅速在推特上公布了疑犯照片和信息	疑犯信息被转发5413次
	媒体关系办公室	4月19日，在追捕过程中，一名疑犯逃脱，晚上8点24分，警局官方推特公布了这一嫌疑犯的照片和姓名，建议当地居民待在家，并希望媒体不要现场直播搜索现场的画面	建议媒体不要现场直播的信息被转发18870次
总结善后	媒体关系办公室	官方推特账号宣布疑犯全部落网消息，总结使用经验	抓获信息被转发137660次，获得46550次点赞
	警察局长Davis	发表多篇关于社交媒体应对爆炸案的研究论文	形成社交媒体使用的理论体系

4.4　上海市公安局应对2014年外滩踩踏事件

2014年12月31日跨年夜，上海外滩发生踩踏事件，具体地点在陈毅广场，造成36人死亡，49人受伤。事后上海市公布了《12·31外滩拥挤踩踏事件调查报告》，界定在这场突发危机中，政府处置不当、准备不足，造成了重大伤亡和严重后果，是一起公共安全责任事件。

人流量过大，远远超过预期。20时30分，外滩的人流量已接近2013年灯光秀时的规模，远远超过预期。23 点 13 分，上海市政府新闻办公室的官方微博，发布了实时公共交通信息："截至 22 点 40 分，上海全路网客流已超过 1003 万人次，再创历史新高"。

风险有预估，预防准备不足。尽管上海市相关部门提前部署，公安部门组织了比平时更多的警力到场维持秩序，但是仍然对人流聚集所可能造成的安全风险预估不足。

现场发现问题，应对处置不当。23 时 30 分，警方从监控探头中发现异常，紧急赶往现场。23 时 35 分左右，外滩陈毅广场与亲水平台的人流，在斜坡上发生对冲，有人在对冲中摔倒。尽管有民众和民警意识到了危险，并不断呼喊人流后退，但是由于声音小，没有起到作用，形势开始失控。23 点 40 分，看到人流拥挤所可能造成的危险，站在墙头的几个年轻人开始号召大家一起呼喊："后退！后退！"10 分钟后，人群有了后退的趋势。当人群终于散开时，楼梯上已经有几十人瘫倒在地，救援人员立即进行呼喊和心肺复苏。23 点 55 分，所有倒地但没有受伤的人们都站了起来。现场的哭喊声与尖叫声此起彼伏，医务人员和附近的热心市民对每一个倒地的人进行呼喊和心肺复苏抢救。

微博应对舆情，信息不够及时。上海市公安局的官方微博——"警民直通车"发布微博实时播报，23 点 32 分称："外滩迎新场面壮观，虽然人多，但秩序还算有序，希望在现场的民众们配合民警和武警叔叔的指挥，平安跨新年。外滩已近饱和，警察建议择地前往跨年。"主要发布的政务微博还有：

2015 年 1 月 1 日 0 点 04 分【外滩实时消息】建议在外滩的童鞋们可以向南京东路、滇池路、福州路、汉口路等支马路向西分流，避开高峰区域。

0 点 31 分警方提示：外滩客流集中，请大家听从民警指挥，有序退场，切勿推搡。3 时 21 分，新民网官方微博发布《上海外滩跨年发生踩踏有人员伤亡》。

4 点 01 分@上海发布：【外滩陈毅广场昨夜发生群众拥挤踩踏事故［蜡烛］】，事故发生后，上海市连夜成立工作组。韩正、杨雄要求全力做好伤员抢救和善后处置等工作。事故原因正在调查中。

从舆情应对的角度看，上海市公安局的应对措施失当、信息公布不及时、不充分。在整个事件的图像信息传播过程中，一手影像资料绝大多数来自于事发地的事件亲历者，他们用手机、数码产品等设备记录下了事件过程，并不断更新和发布现场图文情况（章静怡，2015）。

第5章 政务微博危机
传播效果的内容分析

5.1 中美比较案例的选取

表 5-1 中美案例的选取

选取类型	选取结果	选取依据
地方政府	北京市和纽约市	北京市和纽约市是中国和美国的代表城市，经济发达，社交媒体使用经验领先，因此具有比较性
危机类型	自然灾害	中美两国都有严重的自然灾害危机（3.1.1）
媒介工具	新浪微博和 Twitter	社交媒体虽然有三种类型：社交网站、微博和即时通讯，但是微博类拥有最大的用户（1.2.2）
危机发生时间	2012 年	首先，中美两国的应急管理体系都是在 2006 年进行了新的调整和完善，所以应该选取 2006 年之后的案例（3.2）
		其次，2008 年，美国危机管理体系中开始重视社交媒体的应用，2010 年成立机构，中国在 2010 年开始这一任务，2012 年中美政府对社交媒体政策和应用都进入成熟期
		最后，新浪微博和 Twitter 都是在 2012 年突破 5 亿用户
线上案例选择	桑迪和 7·21 暴雨	两者都是自然灾害对城市带来的损害

为了落实比较材料可比性这一案例比较法的特点，本研究对比较案例进行了选取。通过第二章中美政务微博危机传播环境的比较，从地方政府、危

机类型、媒介工具和危机发生时间4个方面进行中美比较的可行案例选择，如表5-1所示。

首先，北京市和纽约市两市分别是中国和美国的重要城市，两市政府都充分重视和建设政务微博，特别是重视危机中政务微博的使用。自从2011年秋天的艾琳飓风后，纽约市越来越多的服务部门都使用各种形式的社交媒体（如Facebook，Twitter，YouTube等）与公众进行沟通和交流。根据纽约市政府的统计，如表5-2所示，所有的纽约市政府部门在11种不同的社交媒体上拥有共302个官方社交媒体账号。

表5-2 纽约市政府机构的社交媒体账号统计

社交媒体	账号数	与应急管理相关的部门
Facebook	88	市政府、消防局、警察局、应急管理办公室
Flickr	23	市长办公室、消防局
FourSquare	14	市政府、消防局
Google+	3	
Instagram	15	市长办公室、市政府、消防局、警察局、应急管理办公室
LinkedIn	8	应急管理办公室
Pintrest	5	消防局
Tumblr	25	市政府、消防局、应急管理办公室
Twitter	85	市长办公室、市政府、消防局、警察局、应急管理办公室
WordPress	3	
Youtube	33	市长办公室、消防局、警察局、应急管理办公室
Total	302	

来源：纽约市政府网站，2014-4-2

而北京市各级政府和各部门都充分重视政务微博建设，截至2011年，北京16个区县全部开通政务微博，并在新浪微博上建立了"北京微博发布厅"，集中北京市所有的政府机构、政府发言人、政府赞助民间组织的政务微博。"北京微博发布厅"于2011年11月17日开始在新浪微博上线运行，首批有21个北京市政府部门的微博加入微博发布厅，6个部门的新闻发言人开通个人微博；第二批自 2011 年 12 月 22 日起，共计北京市 16 个区县，以及市政市容委（微博）、市体育局（微博）、中关村管委会（微博）、市投资促进局（微博）、团市委等委办局集体入驻。2012 年 3 月北京市 28 个政府部门全部齐聚新浪微博，并依托"北京微博发布厅"形成微博群，利用新浪微博这个新兴平台进行资源整合和部门之间的联系沟通。

其次，本研究采取案例分析方法进行中美政务微博危机传播的实践分析。从危机类型和危机发生时间中选取北京市和纽约市可比较的可行性案例。中国和美国都是应急管理需求大国，都有严重的自然灾害危机（吕峰，2003），但是比较两国的危机国情，却又有所不同。美国重视社会安全类危机，恐怖危机是奥巴马在 2014 年国情咨文中提到的危机；中国政府则对公共卫生危机十分重视，2013 年 11 月《中共中央关于全面深化改革若干重大问题的决定》中创新社会治理体系提到的危机是食品安全。按照情景传播学理论（SCCT）（Gombs，2002），自然灾害属于受害型危机，政府不为危机发生负责。基于中美两国自然灾害都较为严重，且涉及政治差异较小，因此选取自然灾害类危机进行比较。

再次，作为政务微博主要载体的新浪微博和推特都是在 2012 年突破 5 亿用户，其危机传播用户群固定、影响力巨大，因此选取 2012 年以后的自然灾害。

考虑到政府对政务微博的重视程度和案例的可代表性，本研究认为，北京市和纽约市政务微博具有比较价值，其中分析案例选取 2012 年纽约市应对飓风桑迪和北京市应对"7·21"暴雨。这两个案例中具体政务微博危机传播的政府操作已经在第四章中进行了详细的介绍，以下将对其危机传播效果进行量化分析，以便更好地比较两者的异同。

5.2　基于内容分析法的传播效果研究

5.2.1　内容分析法简介

内容分析法诞生于 20 世纪 50 年代的美国，是主要用于分析人类信息生产和传播内容的社会科学研究方法。目前主要采用的内容分析法定义是传播学家 Berelson 的观点："一种对某类特性明确的传播内容进行客观、系统和定量分析的传播学研究法"（赵倩，2012）。

当这类传播内容的特征明确为政务微博危机传播时，首先，由于政务微博的媒体属性，对其进行的内容分析可以明确政府在危机中的社交媒体新闻框架和议题构建重点；其次，由于政务微博的社交属性，被政府用于与公众互动，被公众用于表达情感和行为，对其进行的内容分析可以明确政府促进公众参与的效果，将公众的态度和情感定量化，将更加容易比较。

标准化的内容分析流程应该包括样本抽取、分析类目构建、设计编码表、培训编码员、编码员的信度分析、所有内容的编码、数据录入和查错以及数据资料分析和解释。样本抽取是指根据分析内容、时间等选定内容分析的对象；分析类目构建是内容分析法的核心，也就是对研究系统进行精确构架，对内容分类方法进行明确考证；编码表是研究者设计的包括所有研究的变量以及编码方法的表格，主要便于编码统计；培训编码员是为了让编码员理解研究者的研究意图，以便于统一正确的编码；编码员信度的检查一般采取抽取小样本检查，有霍尔斯蒂公式、史考特 Pi 指数和 Krippendorff's alpha 法 3 种，是为了防止编码员的主观误差影响研究结果；在对编码员信度检查后，确保编码员的准确度，再对所有内容进行编码；所有编码结束后，将数据录入分析软件，并检验错误，一般常用的分析软件有 SPSS、STATA 等；最后根据需要对数据进行统计分析，并形成解释报告。

本研究根据标准化的流程，按照科学的方法对中美政务微博的危机传播及其传播效果展开内容分析。

5.2.2　样本抽取结果

纽约市和北京市政务微博的抽样依据是其主管部门特征。分别对综合政府机构和与危机应对相关的专业机构政务微博进行抽样。

首先，进行综合部门政务微博的选取。作为地方政府行政机构的中枢部门的市政府，在应对危机中发挥了协调指挥的作用，所以市政府的政务微博危机传播，成为首要抽样对象，而纽约市和北京市政府都拥有官方微博，分别为纽约市政府的@ nycgov 和北京市政府新闻办公室的@ 北京发布。纽约市与北京市不同的情况是，作为中枢指挥的机构，还有市长办公室，并且在危机传播中非常活跃，而北京市市长办公室并没有官方微博。由于纽约市市长办公室同样作为综合部门的重要代表，所以选取纽约市市长办公室官方微博@ NYCMayoursOffice 和@ nycgov 作为综合机构的抽样微博。北京市市长办公室没有独立的官方微博，因此仅选取@ 北京发布作为综合机构的抽样微博。

其次，进行专业部门政务微博的选取。作为地方政府保卫社会稳定和处理突发危机事件的公安机构和消防机构，其政务微博在危机传播中的表现代表了一个地区一线突发事件处理部门的危机传播能力，所以选取北京市公安局@ 平安北京和@ 北京消防、纽约市警察局@ NYPDnews 和消防局@ FDNY 的官方政务微博进行抽样。此外，作为突发事件最为专业的管理部分是各地方的应急管理办公室，于是还抽取纽约市应急管理办公室官方政务微博@ nycoem 进行抽样；北京市应急管理办公室并没有官方微博，按照第三章我国应急管理系统规定，除了应急管理办公室，主要负责暴雨应急工作的是地方政府水利局，所以选取了北京市水利局官方政务微博@ 水润京华作为北京市应急管理专业机构进行抽样。

表5-3　纽约市政务微博抽样账号（截至2014年4月）

主管部门	账号名称	发布微博总数	粉丝数
市长办公室	@ NYCMayoursOffice	12400	264000
市政府	@ nycgov	15400	295000
应急管理办公室	@ nycoem	4619	24200
市警察局	@ NYPDnews	6559	154000
市消防局	@ FDNY	15800	132000

如表5-3所示，对飓风桑迪的案例中，选取主要应急管理部门，如市长办公室（Office of the Mayor）、市政厅（New York City Government）、应急管理

办公室（New York City of Emergency Management，以下简称 NYCOEM）、市警察局（New York Police Department，以下简称 NYPD）和市消防局（The Official Fire Department，City of New York，以下简称 FDNY）。这几个部门在 2012 年 10 月 22 日至 2012 年 11 月 28 日之间发布 772 条有关飓风的推特信息，各部门主管的政务微博账号的基本情况如表 5－3 所示。10 月 22 日是飓风桑迪出现时期，11 月 28 日纽约市长亲赴华盛顿向奥巴马总统汇报飓风桑迪应对情况，宣告危机应对告一段落。

如表 5－4 所示，北京市应对"7·21"暴雨的案例中，选取主要应对部门，如北京市政府新闻办公室、北京市水利局、北京市公安局和北京市消防局的官方政务微博。这几个部门在 2012 年 7 月 21 日至 2012 年 7 月 30 日之间发布了 707 条有关暴雨的微博，各部门主管的政务微博账号的基本情况如表 5－4 所示。7 月 21 日为暴雨开始日期；7 月 30 日各政务微博关于暴雨应急的信息趋近为零，政务微博危机应对告一段落。

表 5－4　北京市政务微博抽样账号（截至 2014 年 4 月）

主管部门	账号名称	发布微博总数	粉丝数
北京市政府	@北京发布	27518	6076606
北京市水利局	@水润京华	4507	920124
北京市公安局	@平安北京	33584	9357398
北京市消防局	@北京消防	10072	5828201

5.2.3　分析类目与编码

在进行内容分析时，从以下几个类目进行分析和编码。

5.2.3.1　基本情况

（1）管理机构

美国案例的传播机构有市政厅、市长办公室、应急管理办公室、消防局和警察局等 5 个机构，分别编码为 1、2、3、4、5；

中国案例的传播机构为北京市新闻办公室、北京警察局、北京消防局和水务部，分别编码为1、2、3、4。

（2）危机阶段

表5-5　传播阶段编码

传播时段	纽约市			北京市		
	2012－10－22 2012－10－28	2012－10－29 2012－11－4	2012－11－05 2012－11－30	2012－07－21 2012－7－22	2012－07－23 2012－07－26	2012－07－27 2012－07－30
措施	最后准备	正式应对	快速恢复	最后准备	正式应对	快速恢复
编码	1	2	3	1	2	3

　　表5-5显示了飓风桑迪的应对时间段，其中的危机应对阶段，也是我们的研究阶段。飓风桑迪22日形成，开始并没有引起政府的太多重视，直到29日登陆后，才进行灾害发生和紧急应对。到10月31日，纽约市市长亲赴华盛顿面见奥巴马汇报危机应对，并申请灾后重建拨款，完成了一个完整的危机应对。所以，10月22日到28日为最后准备，10月29日到11月4日为灾害发生正式应对，11月5日到11月30日为快速恢复阶段。

　　表5-5亦显示了北京"7·21"暴雨的应对时间段，2012年7月21日，突如其来的暴雨发生，后果远远超过人们的预想，大量基础设施被破坏，城市公共服务无法正常进行，北京市的城市基建和政府应急预案饱受广大群众的诟病。在这种情况下，北京市政府有关部门展开了对暴雨灾害的最后准备。7月23日，气象局副局长表示，受短信服务基站数量限制，通知类短信很难全面覆盖，因此大量启用政务微博进行危机信息传播，在这种情况下，标志着7·21暴雨政务微博危机传播正式应对阶段的开始。7月26日，北京市政府正式公布死亡人数，宣告危机应对告一段落，从而进入快速恢复阶段。7月21日到22日为最后准备、7月23日到7月26日为正式应对、7月27日到7月30日为快速恢复阶段。

5.2.3.2　媒体属性：议题构建

　　社交媒体可以被用作传统媒体，同时比传统媒体成本更低、传播更快，这是危机应对中政府使用社交媒体最基本的原因。大多数最近的研究，都认为政府拥有丰富信息资源和先进信息传播技术及设备等优势，在利用社交媒体进行各类政务信息发布方面做得非常好（Bertot，Jaeger et al.，2010；Bertot，Jaeger et al.，2012；Zheng 2013）。

表 5－6　危机议题框架分类

框架	描述
信息框架	
1 危情更新	提供有关受影响地区的真实情况，如天气、安全，提高公众的危情意识
2 公共信息	公共交通、学校、电力、通讯、网络等公共服务措施的关闭和开放
3 疏散命令	人员疏散命令、避难所信息等
4 谣言澄清	澄清有关危机的不实信息和谣言
行动框架	
5 领导能力	描述政府在危机应对中的重大成就、领导举措、领导人动态等
6 事故处理	危机中特殊事故的处理和应对努力
7 减灾措施	减灾相关的行动，如准备、清理、捐助、悼念、物流或者减灾许诺等
8 部门合作	强调危机应对部门之间的协同工作
9 邀请公众	邀请公众参与减灾和危机信息的收集
观点框架	
10 安抚公众	通知公众不需要担心，如宣传对抗危机已经取得的胜利
11 意见建议	为公众的行动提供建议，如什么时候需要拨打报警电话
12 不确定性	讨论危机任何方面的不确定性，如原因、波及范围、结果等
13 其他	其他信息内容发布

当聚焦到社交媒体的媒体属性时，现有的文献多采用内容分析法，对危机信息内容进行框架分析，研究现有的危机信息传播的主要内容。主要有 3 种框架分类法：一是以一般危机、灾害、公共健康危机和一般健康议题等危机严重程度和类型对危机信息内容进行划分（Liu & Kim，2011）；二是通过信息议题来分类：分为清扫、关闭、损坏、捐献、公众参与、疏散、准备、保护、安慰、恢复、应对、资源、谣言、安全、服务、状态、支持和天气等议题（Hughes，

Denis et al. , 2014）；三是信息交流的方式分类的 3 - T 框架（Paquette 2011），分为传递（Pransfer）、翻译（Translate）和改变（Transform）。

参考已有的研究结果，结合美国危机的特殊性，将信息发布的内容框架分为信息框架、行动框架和观点框架。信息框架包括危情更新、公共信息、疏散命令和谣言澄清等 4 个指标，主要发布危机即时情况、公共服务信息、人员疏散命令、避难场所分布以及澄清不实传言等信息，以便公众提高危情意识、有效应对危机，维持公众危机期间日常生活秩序。行动框架包括领导能力、事故处理、减灾措施、部门合作和邀请公众等 5 个指标，主要发布政府部门采取的危机应对措施。给予公众信心，观点框架包括安抚公众、意见建议和不确定性等 3 个指标，主要发布政府对危机的看法，表达政府意见，如表 5 - 6 所示。

根据 12 个议题指标，分析每条政务微博发表内容的议题，属于某议题的则编码为 1，否则编码为 0。中美的分析方法一致。

5.2.3.3 社交属性：公众参与

通过第二章的文献综述可知，政务微博危机传播中的社交属性表现为政府促进公众参与指标，又分为公众主动参与和公众被动参与。

社交属性的分析方法中美是一致的。目前，对政府在社交媒体上进行危机传播中，是否获取公众信息、是否与公众互动的研究较少。多为以政府社交媒体官方账号为研究对象，针对政府危机传播进行研究。根据已有研究（Hughes &Palen, 2009；Capriotti & Moreno, 2007），结合社交媒体功能，我们认为公众参与的情况可以从政府社交媒体账号上的信息反映得知，如表5 - 7 所示。

表5 - 7　公众参与在政务微博上的反映

测量纬度	测量指标	指标解释
公众被动参与	获取公众信息	政府发布信息中，有哪些是来源于公众的
公众主动参与	公众提问率	政府社交媒体账号上反应提问、求助的比例
	政府回复率	政府社交媒体账号上政府回复公众提问的比例

（1）获取公众信息：根据每条政务微博的来源，若是转发信息来自公众，则编码为 1，其他来源则编码为 0。

（2）公众提问：根据每条政务微博的评论中是否有公众提问，如有，编码为 1，没有编码为 0。

（3）政府回复：根据每条政务微博的评论中政府是否有对公众的回复，如有，编码为 1，没有编码为 0。

5.2.3.4　公众使用行为分析

本研究测量的公众使用行为包括公众情感和行动，参考已有研究（巢乃鹏，刘曼冬，2013），情感用公众评论中的正负面态度指标来表示；行动用公众的转发和评论均值表示，如表 5-8 所示。

表 5-8　公众使用情感和行动在政务微博上的反映

测量纬度	测量指标	指标解释
公众使用情感	正面态度均值	政府社交媒体账号发布信息公众评论的正面态度均值
	负面态度均值	政府社交媒体账号发布信息公众评论的负面态度均值
公众使用行动	转发均值	政府社交媒体账号发布信息获得公众转发量的平均值
	评论均值	政府社交媒体账号发布信息获得公众评论量的平均值

有研究表明，在微博分析中转发量和评论量指标具有很高的等效性，由于正负面态度选择了评论量，所以研究公众参与行为时只分析转发量。

（1）转发量：每条政务微博的公众转发数量，记录数值。

（2）正面评论：每条政务微博评论中的正面评论数量，记录数值。

（3）负面评论：每条政务微博评论中的负面评论数量，记录数值。

5.2.4　编码员信度检查

本书采取编码表的形式进行研究，具体编码表见附录 1-2。编码方式和内部构建如上节所述。按照内容分析法的惯例，采用两个独立的编码员分别编码，并采用编码员之间信度检查的方法保证编码表的有效和准确。前文提到，编码员信度检验的方式有三种，本研究选取 Krippendorff's alpha 系数，并采用目前内容分析编码员信度检验多采用的小样本实验法。首先抽取对纽约市和北京市的编码的10%（纽约市 N=77，北京市 N=70）的样本编码进行编码员间信度检测，使用 SPSS 进行 Krippendorff's alpha（Hayes & Krippendorff, 2007）信度检测，检测结果显示编码员之间的信度 Krippendorff's alpha 系数在 .71 to 80。第二步抽取编码样本的20%（纽约市 N=154，北京市 N=140）进行编码员间检测，Krippendorff's alpha 系数的值在 77 to 1.0。一般的信度检查 Krippendorff's alpha 至超过 0.7 即视为可信（Lombard, Snyder-Duch, & Bracken, 2002），所以本研究的数据被视为强烈可信。

5.3　媒体属性的公众使用行为与态度分析

5.3.1　美国政务微博媒体属性的传播效果

以纽约市政务微博为例，分析纽约市政务微博在 2012 年飓风桑迪应对中媒体属性传播效果，以内容分析法分析议题构建等信息传播的表现和公众态度和行为，得到的结果如下。

5.3.1.1　议题构建体现的媒体属性

图 5-1 显示了在飓风桑迪中，纽约市政府五个机构政务微博发布的共 772 条信息在不同议题呈现中的数量和所占比例。其中公共服务信息和减灾措施议题构建的最多，分别为 188 条和 177 条，占所有议题的 24% 和 23%；处于第二梯队的议题构建是领导能力、疏散命令、危情应对、邀请公众、意见建议，分别为 90 条（12%）、78 条（10%）、68 条（%）、50 条（6%）和 44 条（6%）；而剩下的议题构建则较少，其中谣言控制应当是政务微博危机传播的主要功能之一，但是在实际构造中却非常小，只有 1 条，其他构建较少的议题有安抚公众、事故处理、不确定性和部门合作，分别为 22 条（3%）、21 条（3%）、11 条（1%）和 4 条（1%）。以新闻框架的角度分析，纽约市构建的信息框架（危情应对、公共服务、疏散命令、谣言控制）和行

动框架（领导能力、事故处理、减灾措施、部门合作、邀请公众）新闻较多，分别为 43% 和 44%，而观点框架（安抚公众、意见建议、不确定性）较少，为 10%。

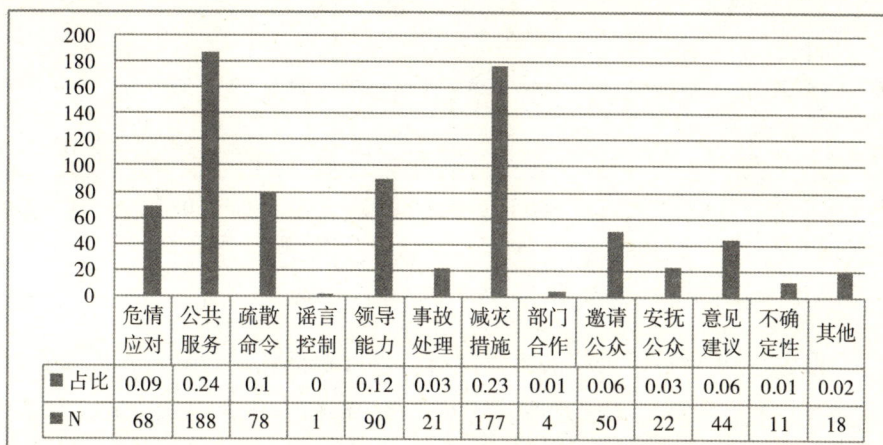

图 5-1　纽约市议题构建的数量分布

表 5-9 分析了纽约市五个不同危机应对机构的政务微博议题呈现。分析方法采用的是对每个议题的五个机构数值分别进行 F 分布检查，求出每个议题在不同机构上的分布均值和显著性。由于对议题进行编码，是这个议题编码为 1，不是编码为 0，所以均值代表的是某一议题在该机构所有信息中所占的比例，将比数值更为客观地反映议题在不同机构水平上的构建；而显著性代表的是在 F 分布中，同一议题在不同机构水平上构建的差异，显著性小于 0.05 则表示差异较显著。

表 5-9　纽约市不同机构的政务微博议题呈现

	N	危情应对	公共服务	疏散命令	谣言控制	领导能力	事故处理	减灾措施	部门合作	邀请公众	安抚公众	意见建议	不确定性	其他
显著性		.002	.150	.848	.000	.000	.860	.235	.248	.000	.003	.521	.015	.002
市长办	324	.07	.25	.07	.00	.12	.02	.22	.01	.07	.06	.04	.02	.04

（续表）

	N	危情应对	公共服务	疏散命令	谣言控制	领导能力	事故处理	减灾措施	部门合作	邀请公众	安抚公众	意见建议	不确定性	其他
市政府	77	.04	.35	.12	.00	.22	.01	.21	.00	.03	.01	.01	.00	.00
警察局	33	.00	.09	.18	.00	.18	.18	.27	.00	.09	.00	.00	.00	.00
消防局	50	.02	.08	.08	.00	.26	.00	.26	.00	.12	.00	.14	.00	.04
应急办	288	.14	.25	.12	.00	.05	.03	.24	.00	.06	.00	.08	.02	.01
Total	772	.09	.24	.10	.00	.12	.03	.23	.01	.06	.03	.06	.01	.02

根据表5-9对不同机构的政务微博信息议题呈现进行分析，可以看出，公共服务、疏散命令、事故处理、减灾措施、部门合作、意见建议以及不确定性议题在不同机构上的分布显著性大于0.05，差异不明显，而其他议题则在不同机构的分布上差异较大。其中危情应对议题由纽约市应急管理办公室构建的最多，均值为0.14，其次为市长办公室，均值为0.07，而其他机构构建的较少；谣言控制议题只有1条，不具有统计学意义；领导能力议题中，纽约市消防局构建的最多，均值有0.26，其次为纽约市市政厅，均值为0.22；邀请公众议题中，纽约市消防局和警察局构建的较多，均值分别为0.12和0.09；安抚公众议题构建较多的机构为市长办公室，均值为0.06。

此外，观察同一机构内部的议题构建，可以发现，纽约市市长办公室构建公共服务和减灾措施议题较多，均值为0.25和0.22，由于同一机构的议题构建均值和为1，所以可以看作市长办公室的所有信息中，公共服务和减灾措施各占25%和22%，与议题构建总体水平一致；同样的道理，纽约市政厅构建公共服务和领导能力议题较多，分别为35%和22%，体现出市政厅作为全市应急中枢部门的领导力构建；纽约市警察局构建减灾措施议题最多，为27%，而构建的疏散命令、领导能力和事故处理议题一样多，都为18%，体现出警察局作为一线行动部分的行动议题构建；纽约市消防局构建领导能力和减灾措施最多，都为26%，同样体现出了消防局的一线行动议题构建；纽约市应急管理办公室构建公共服务类信息最多，为 25%，危情应对和疏散命令议题构建也较多，分别为 14% 和 12%，构建其他议题较少。

表 5-10 分析了纽约市政务微博在最后准备、危机发生和快速恢复三个不同危机阶段的议题呈现。分析方法采用的是对每个议题的三个阶段数值分别进行 F 分布检查，求出每个议题在不同危机阶段上的分布均值和显著性。由于对议题进行编码，是这个议题编码为 1，不是编码为 0，所以均值代表的是某一议题在该阶段所有信息中所占的比例，将比数值更为客观地反映议题在不同危机阶段水平上的构建；而显著性代表的是 F 分布中，同一议题在不同阶段水平上构建的差异，显著性小于 0.05 则表示差异较显著。

表 5-10　纽约市不同危机阶段的政务微博议题呈现

	N	危情应对	公共服务	疏散命令	谣言控制	领导能力	事故处理	减灾措施	部门合作	邀请公众	安抚公众	意见建议	不确定性	其他
显著性		.000	.000	.000	.712	.006	.001	.000	.019	.000	.388	.046	.008	.000
最后准备	152	.17	.26	.25	.00	.07	.00	.03	.02	.01	.03	.10	.04	.02
危机发生	459	.08	.28	.08	.00	.11	.05	.20	.00	.10	.03	.05	.01	.01
快速恢复	161	.02	.12	.03	.00	.18	.00	.50	.00	.02	.01	.04	.00	.07
Total	772	.09	.24	.10	.00	.12	.03	.23	.01	.06	.03	.06	.01	.02

根据表 5-10 对不同危机阶段的政务微博信息议题呈现进行分析，可以看出，谣言控制、安抚公众和意见建议议题在不同机构上的分布显著性大于 0.05，差异不明显，而其他议题则在不同危机阶段上的分布差异较大。其中危情应对、疏散命令、部门合作和不确定性议题在最后准备阶段构建的最多，均值分别为 0.17、0.25、0.02 和 0.04；公共服务、事故处理和邀请公众议题在危机发生阶段构建的最多，均值分别为 0.28、0.05、0.10；领导能力、减灾措施议题在快速回复阶段构建的较多，均值分别为 0.18 和 0.5。

此外，观察同一危机阶段内的议题构建，可以发现，最后准备阶段构建公共服务和疏散命令议题较多，均值为0.26和0.25，由于同一危机阶段的议题构建均值和为1，所以可以看作最后准备阶段的所有信息中，公共服务和疏散命令各占26%和25%，这与最后阶段是发布疏散撤退命令的关键时期的危机应对特点相吻合；同样的道理，危机发生阶段构建公共服务和减灾措施议题最多，为28%和20%，体现危机发生阶段的信息和行动同时进行的特点；快速恢复阶段，构建减灾措施议题最多，占了50%；其他议题相对较少，体现了快速恢复阶段已经从信息框架的需求，变成了行动框架的需求。总结如表5-11所示的飓风桑迪中的政务微博不同阶段议题构建，可见，在危机传播中，议题呈现是由前期的信息框架，变为信息框架和行动框架，最后到恢复阶段变为行动框架。

表5-11　飓风桑迪中不同危机应对阶段的政务微博议题构建总结

时段	2012-10-2—2012-10-28	2012-10-29	2012-11
危机应对阶段	最后一刻的准备	灾害发生	快速恢复
社交媒体可发挥的功能	通知撤退、公布公共信息、回复提问	公共信息、减灾措施	减灾措施

5.3.1.2　媒体属性的公众态度和行为

表5-12显示，纽约市12个内容分类的平均转发量相差较大（F=1.977，p<0.01）。其中邀请公众（228.4）、安抚公众（179.5）、部门合作（138.75）、公共服务（122.3）等平均转发量明显大于剩余各指标。这说明，与公众相关的信息内容关注度较高，对行动传播效果有积极的影响。

表5-12显示，12个内容分类的正面评论均值差异在0.05水平上显著（p=0.05）。行动和观点框架中都有正面评论比值大于0.5的指标，如行动框架中的事故处理（0.75）、观点框架中的意见建议（0.56）和不确定性（0.67）。而信息框架的指标都小于0.5，说明负面评论大于正面。可以认为，信息框架的情感效果较负面，行动和观点框架的影响较正面。

表 5 - 12　　纽约市政务微博议题呈现的公众行为和态度

	N	转发数均值	负面评论数均值	正面评论数均值	正面比值
分布		F = 1.977，p<0.01	F = 0.369，p>0.05	F = 5.382，p = 0.05	
危情应对	68	86.10	0.29	0.21	0.42
公共服务	188	122.30	0.55	0.43	0.44
疏散命令	78	93.29	0.49	0.36	0.42
谣言控制	1	207.00	4	1	0.2
领导能力	90	31.87	0.41	0.4	0.49
事故处理	21	41.76	0.24	0.71	0.75
减灾措施	177	76.95	0.48	0.51	0.52
部门合作	4	138.75	0.75	0.75	0.5
邀请公众	50	228.40	0.26	0.36	0.58
安抚公众	22	179.50	1.36	1.09	0.44
意见建议	44	43.55	0.11	0.14	0.56
不确定性	11	45.91	0.27	0.55	0.67
其他	18	65.44	0.28	1.33	0.83
Total	772	94.85	0.45	0.45	0.5

5.3.2　中国政务微博媒体属性的传播效果

以北京市政务微博为例，分析北京市政务微博在"7·21"暴雨应对中媒体属性传播效果，以内容分析法分析议题构建等信息传播的表现和公众态度和行为，得到结果如下。

5.3.2.1　议题构建体现的媒体属性

图 5 - 2 显示了在"7·21"暴雨中，北京市四个政府机构发布的共 707条信息的不同议题构建树龄和所占比例。其中意见建议、危情应对、安抚公众和减灾措施的议题构建数量较多，分别为 137 条（19%）、122 条（17%）、116 条（16%）、105 条（15%）；而领导能力、事故处理和邀请公众的议题构建处于中等水平，分别为 75 条（11%）、48 条（7%）和 51 条（7%）；剩下

的议题构建的则较少，如疏散命令和谣言控制都为 4 条、部门合作为 3 条、不确定性为 2 条。

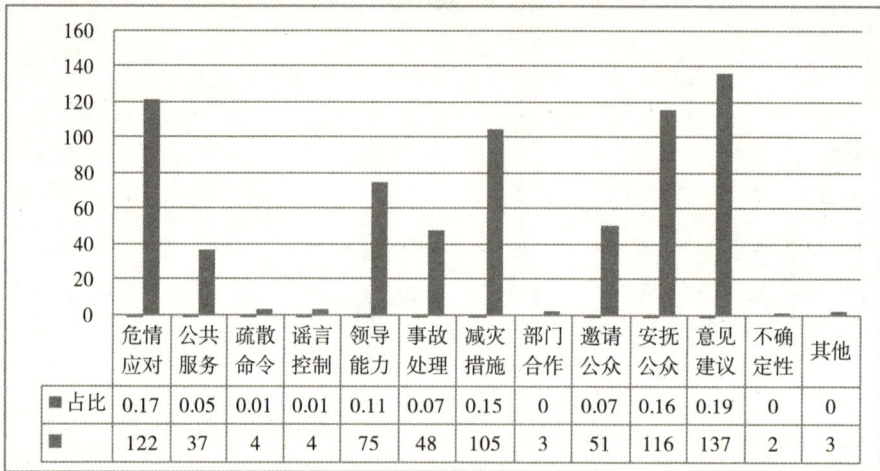

图 5-2 北京市议题构建的数量分布

	危情应对	公共服务	疏散命令	谣言控制	领导能力	事故处理	减灾措施	部门合作	邀请公众	安抚公众	意见建议	不确定性	其他
占比	0.17	0.05	0.01	0.01	0.11	0.07	0.15	0	0.07	0.16	0.19	0	0
	122	37	4	4	75	48	105	3	51	116	137	2	3

图 5-2　北京市议题构建的数量分布

　　从新闻框架的角度分析，北京市构建行动框架（领导能力、事故处理、减灾措施、部门合作、邀请公众）和观点框架（安抚公众、意见建议、不确定性）新闻较多，分别为 40% 和 36%，而信息框架（危情应对、公共服务、疏散命令、谣言控制）较少，为 24%。

　　表 5-13 分析了北京市四个不同危机应对机构的政务微博议题呈现。分析方法采用的是对每个议题的四个机构数值分别进行 F 分布检查，求出每个议题在不同机构上的分布均值和显著性。由于对议题进行编码，是这个议题编码为 1，不是编码为 0，所以均值代表的是某一议题在该机构所有信息中所占的比例，将比数值更为客观地反映议题在不同机构水平上的构建；而显著性代表的是 F 分布中，同一议题在不同机构水平上构建的差异，显著性小于 0.05 则表示差异较显著。

　　根据表 5-13 对不同机构的政务微博信息议题呈现进行分析可以看出，公共服务、疏散命令、谣言控制、部门合作以及不确定性议题在不同机构上的分布显著性大于 0.05，差异不明显，而其他议题则在不同机构的分布上差异较大。其中危情应对议题由北京市水利局官方微博账号"水润京华"上构建的最多，均值为 0.37，其次为北京市公安局，均值为 0.14；领导能力议题中，北京市公安局官方微博账号"平安北京"构建的最多（0.18），其次为北京市消防局（0.13）；事故处理议题中，北京市公安局构建较多（0.15）；减灾措施中，北京市政府新闻办公室官方微博"北京发布"构建较多（0.21）；邀请公众议题由北京市水利局构建最多，为 0.11；安抚公众则是北京市政府新闻办公室发布较多（0.3）；意见建议由北京市公安局和消防局构建较多，分别为 0.24 和 0.27。

表 5 - 13　北京市政务微博不同机构的议题构建

	N	危情应对	公共服务	疏散命令	谣言控制	领导能力	事故处理	减灾措施	部门合作	邀请公众	安抚公众	意见建议	不确定性	其他
显著性		.000	.067	.098	.062	.000	.000	.011	.456	.002	.000	.003	.523	.008
北京发布	229	.10	.06	.00	.00	.09	.00	.21	.01	.09	.30	.14	.00	.00
平安北京	176	.14	.09	.02	.00	.18	.15	.14	.00	.01	.03	.24	.01	.00
北京消防	144	.10	.03	.01	.01	.13	.10	.13	.00	.07	.15	.27	.00	.02
水润京华	158	.37	.03	.00	.02	.03	.05	.09	.01	.11	.13	.16	.01	.00
Total	707	.17	.05	.01	.01	.11	.07	.15	.00	.07	.16	.19	.00	.00

此外，观察同一机构内部的议题构建，可以发现，北京市政府新闻办公室官方微博账号"北京发布"在"7·21"暴雨中发布的信息最多，为 229 条，其中构建安抚公众和减灾措施议题较多，均值为 0.30 和 0.21。由于同一机构的议题构建均值和为 1，所以可以看作北京市政府新闻办公室的所有信息中，安抚公众和减灾措施各占 30% 和 21%，体现了北京市政府在危机传播中安抚公众情绪的工作重点；北京市公安局官方微博账号"平安北京"发布信息排名第二，为 176 条，其中构建意见建议和领导能力议题较多，分别为 24% 和 18%，体现出北京市公安局乐于为公众提供有关应对危机的看法，并且作为一线应对机构的领导力体现；北京市水利官方微博账号"水润京华"发布的信息数量排名第三，有 158 条，其中构建危情应对议题最多，为 37%，

充分体现了水利局作为直接关联部门的危情监控能力；北京市消防局官方微博账号"北京消防"发布的消息最少，为144条，而构建意见建议议题最多，为27%，这点同北京公安局相似，也是一线应对机构倾向给出公众建议。

表5-14分析了北京市政务微博在最后准备、危机发生和快速恢复三个不同危机阶段的议题呈现。分析方法采用的是对每个议题的三个阶段数值分别进行F分布检查，求出每个议题在不同危机阶段上的分布均值和显著性。由于对议题进行编码，是这个议题编码为1，不是编码为0，所以均值代表的是某一议题在该阶段所有信息中所占的比例，将比数值更为客观地反映议题在不同危机阶段水平上的构建；而显著性代表的是F分布中，同一议题在不同阶段水平上构建的差异，显著性小于0.05则表示差异较显著。

表5-14　北京市政务微博不同危机阶段的议题构建

	N	危情应对	公共服务	疏散命令	谣言控制	领导能力	事故处理	减灾措施	部门合作	邀请公众	安抚公众	意见建议	不确定性	其他
显著性		.660	.459	.067	.603	.000	.000	.939	.789	.177	.257	.583	.133	.660
最后准备	185	.18	.05	.00	.00	.11	.19	.05	.01	.07	.16	.18	.01	.00
危机发生	302	.13	.05	.01	.01	.09	.04	.17	.00	.07	.19	.22	.00	.01
快速恢复	220	.23	.06	.01	.00	.12	.00	.20	.00	.08	.13	.17	.00	.00
Total	707	.17	.05	.01	.01	.11	.07	.15	.00	.07	.16	.19	.00	.00

根据表5-14对不同危机阶段的政务微博信息议题呈现进行分析，可以看出，危情应对、公共服务、疏散命令、减灾措施、部门合作、邀请公众、安抚公众、意见建议和不确定性议题在不同机构上的分布显著性大于0.05，差异不明显，仅有领导能力和事故处理在不同危机阶段上的分布差异较大。其中领导能力在不同阶段的分布分别为：最后准备阶段0.11、危机发生阶段0.09和快速恢复阶段0.12；事故处理在不同阶段的分布分别为最后准备阶段0.19、危机发生阶段0.04和快速恢复阶段0.00。

此外，观察同一危机阶段内的议题构建，可以发现，最后准备阶段构建危情应对、事故处理和意见建议议题较多，各占18%、19%和18%；危机发生阶段构建意见建议、安抚公众和减灾措施议题最多，为22%、19%和17%；而快速恢复阶段，构建危情信息和减灾措施的议题最多，占了23%和20%。

表5-15　7·21暴雨中不同危机应对阶段的政务微博议题构建总结

时段	2012-07-21 到 2012-07-22	2012-07-23 到 2012-07-26	2012-07-27 到 2012-07-30
危机应对阶段	最后一刻的准备	灾害发生	快速恢复
社交媒体可发挥的功能	危情更新、事故处理、意见建议	意见建议、安抚公众	危情信息、减灾措施

　　总结出如表5-15所示的"7·21"暴雨中政府微博的不同阶段议题构建，可见，在"7·21"暴雨政务微博危机传播中，议题呈现是由最后准备时期兼顾信息、行动和观点三个框架，变为灾害发生时突出观点框架，最后到恢复阶段变为信息和行动框架。

　　5.3.2.2　媒体属性的公众态度和行为

　　表5-16交叉分析了北京市政务微博危机议题构建和公众转发行为以及评论态度。可以看到，在12个危机议题中，事故处理获得了最高的公众转发均值，为9476.46条，也是唯一平均转发达到4位数的议题。其余转发量均值较高的议题有减灾措施（705.46）、邀请公众（490.69）、安抚公众（228.38）、疏散命令（215.25），而公共服务和不确定性议题的平均转发较少，都不足100条。

　　表5-16也反映了不同议题的公众正面评论态度，其中正面评论比值大于0.5，也就是正面评论大于负面评论的议题有公共服务、疏散命令、领导能力、事故处理、邀请公众、意见建议，其中表现最为突出的议题是事故处理，正面评价比值达到0.94，正面评价远远超过负面评价；而其他议题的负面评论多于正面评论，并且出现了较低的比值，如危情应对（0.19）、部门合作（0.34）和安抚公众（0.39）。按照新闻框架来分析，信息框架、行动框架和

观点框架中都有正面倾向较多的议题，也有负面倾向较多的议题。

表5-16 北京市政务微博议题构建的公众态度和行为

	N	转发数均值	负面评论数均值	正面评论数均值	正面比值
显著性		.313	.390	.122	
危情应对	122	180.55	9.68	2.26	0.19
公共服务	37	85.24	3.03	3.57	0.54
疏散命令	4	215.25	5.50	14.67	0.73
谣言控制	4	106.50	5.75	4.25	0.43
领导能力	75	193.57	8.75	27.68	0.76
事故处理	48	9476.46	14.96	220.08	0.94
减灾措施	105	705.46	26.65	70.10	0.72
部门合作	3	100.33	8.33	4.33	0.34
邀请公众	51	490.69	23.22	44.62	0.66
安抚公众	116	228.38	17.98	11.70	0.39
意见建议	137	143.26	2.50	5.52	0.69
不确定性	2	84.00	.00	.00	缺失
其他	3	11.67	3.67	6.67	0.65
Total	707	907.46	13.10	35.74	0.73

5.3.3 两国比较

5.3.3.1 议题构建基本情况比较

由图5-3可以看到两市的议题构建差别很大，纽约市重点构建的是公共服务、减灾措施议题，而此两项北京市构建的并不多；北京重点构建的是意见建议信源应对和危情安抚公众议题，而此三项纽约市构建的并不多。

研究结果表明，中美政务微博危机传播中的信息框架（ t = 8.252，

p<0.01)、观点框架（t=−12.396，p<0.01）构建有较大的区别，如表 5－17
所示。其中美国（M=.43，SD=.496）政务微博信息框架构建比例比中国
（M=.24，SD=.425）要多，而中国（M=.36，SD=.482）构建观点框架比
例比美国（M=.10，SD=.300）要多。而两国危机传播对行动框架的构建则
差异不大（t=1.718，p>0.05）。造成这种结果的原因可能是因为美国政府主
要想通过政务"微博"将危机信息告知公众，而中国政府更重视对公众情绪
的安抚。

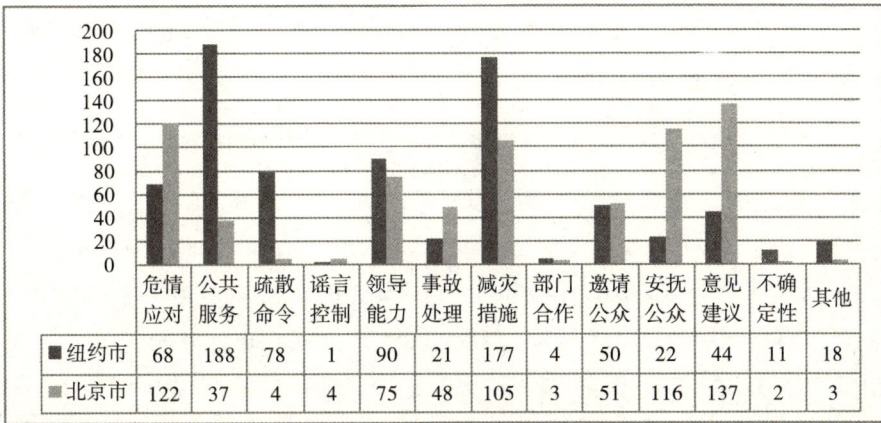

图 5－3　两市议题构建数量比较

表 5－17　两市政务微博危机传播中议题构建比较

	N	信息框架	行动框架	观点框架
分布检验		t=8.252，p<0.01	t=1.718，p>0.05	t=−12.396，p<0.01
美国	772	.43＊（.496）＊＊	.44（.497）	.10（.300）
中国	707	.24（.425）	.40（.490）	.36（.482）

＊M 均值＊＊SD 标准差（下同）

表 5－18 显示，在信息框架中，两国对谣言控制的构建相似（t=−1.405，
p>0.05），可是比例都很少。其他框架都有明显差异。中国对危情公布的构建
比例较高（M=.17，SD=.378），而美国对公共服务（M=.24，SD=.429）
和疏散命令（M=.10，SD=.302）的构建较高。

表5-18　两市政务微博危机传播的信息框架构建比较

	N	危情公布	公共服务	疏散命令	谣言控制
分布		t=-4.826, p0.01	t=10.873, p<0.01	t=8.505, p<0.01	t=-1.405, p>0.05
美国	334	.09 (.284)	.24 (.429)	.10 (.302)	.00 (.072)
中国		.17 (.378)	.05 (.223)	.01 (.075)	.00 (.065)

　　表5-19显示，在行动框架中，传达领导能力和邀请公众参与危机应对没有显著差异（t=.262，p>0.05），而事故处理中国构建比较高（M=.07，SD=.252），减灾措施（M=.01，SD=.072）与部门合作（M=.00，SD=.065）美国构建比例较高。

表5-19　两市政务微博危机传播的行动框架构建比较

	N	领导能力	事故处理	减灾措施	部门合作	邀请公众
分布		t=.640, p>0.05	t=-3.655, p<0.01	t=3.997, p<0.01	t=3.997, p<0.01	t=.262, p>0.05
美国	342	.12 (.321)	.03 (.163)	.23 (.421)	.01 (.072)	.06 (.246)
中国		.11 (.308)	.07 (.252)	.15 (.356)	.00 (.065)	.07 (.259)

　　从表5-20中可以看到，作为中国构建比较高的观点框架，主要是以安抚公众（M=.19，SD=.396）为主要目的，而美国的安抚公众（M=.06，SD=.232）、意见建议（M=.01，SD.119）和不确定性（M=.02，SD=.151）议题构建较为平均。

表5-20　两市政务微博危机传播的观点框架构建比较

	N	安抚公众	意见建议	不确定性
分布		t=-8.936, p>0.05	t=-8.018, p<0.01	t=2.353, p>0.01
美国	75	.06 (.232)	.01 (.119)	.02 (.151)
中国		.19 (.396)	.00 (.053)	.00 (.065)

5.3.3.2　相似职责部门的议题构建比较

　　为了进一步了解两市议题构建的区别，本文选取了两市类似的机构进行比较，分析类似机构在议题构建上有何不同。

图 5-4 比较了纽约市政厅和北京市政府新闻办公室的政务微博议题构建。可以看到，纽约市政厅与北京市政府对减灾措施议题构建重视度相似，都在全部的议题中占 21％；而纽约市政府对公共服务、疏散命令、领导能力和事故处理的重视度比北京市高；北京市对部门合作、邀请公众、安抚公众和意见建议的重视度高。总体来看，纽约市政府比北京市政府更重视信息框架，北京市政府比纽约市政府更重视观点框架，两者对行动框架的重视度差不多。

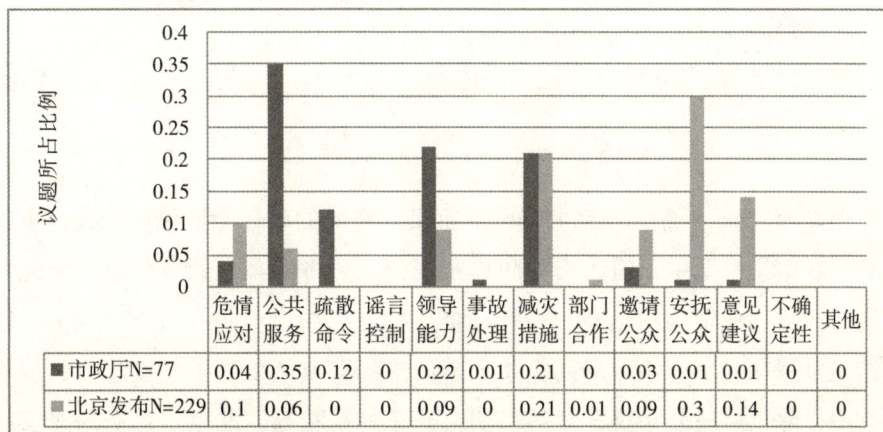

	危情应对	公共服务	疏散命令	谣言控制	领导能力	事故处理	减灾措施	部门合作	邀请公众	安抚公众	意见建议	不确定性	其他
市政厅N=77	0.04	0.35	0.12	0	0.22	0.01	0.21	0	0.03	0.01	0.01	0	0
北京发布N=229	0.1	0.06	0	0	0.09	0	0.21	0.01	0.09	0.3	0.14	0	0

图 5-4　两市市政府的议题构建比较

图 5-5 比较了纽约警察局和北京市公安局的政务微博议题构建。可以看到，纽约警察局和北京市公安局对公共服务、领导能力和事故处理议题构建重视度相似；而纽约市政府对疏散命令、减灾措施和邀请公众议题的重视度比北京市高；北京市公安局对危情应对、安抚公众、意见建议议题的重视度比纽约市警察局高。总体来看，在信息框架中，纽约市警察局重视疏散命令信息，北京市公安局重视危情应对信息；在行动框架中，纽约市警察局对事故处理、减灾措施重视度比北京市公安局高；观点框架中，纽约市警察局对邀请公众议题重视度较高，北京市公安局对安抚公众、意见建议、不确定性的构建重视度高。

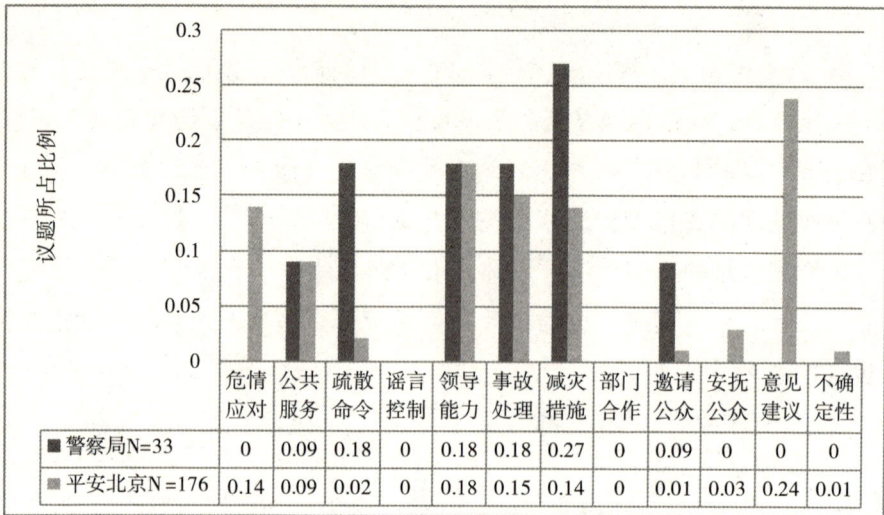

	危情应对	公共服务	疏散命令	谣言控制	领导能力	事故处理	减灾措施	部门合作	邀请公众	安抚公众	意见建议	不确定性
■警察局N=33	0	0.09	0.18	0	0.18	0.18	0.27	0	0.09	0	0	0
■平安北京N=176	0.14	0.09	0.02	0	0.18	0.15	0.14	0	0.01	0.03	0.24	0.01

图 5-5　两市公安部门的议题构建比较

　　图 5-6 比较了纽约市消防局和北京市消防局的政务微博议题构建。可以看到，在信息框架中，纽约市消防局重视公共服务和疏散命令信息，而北京市消防局重视危情应对信息；在行动框架中，纽约市消防局对领导能力、减灾措施重视比北京市消防局高，北京市消防局对事故处理重视度较高；观点框架中，除了邀请公众议题纽约市消防局重视度较高，北京市消防局对安抚公众、意见建议的构建重视度高。

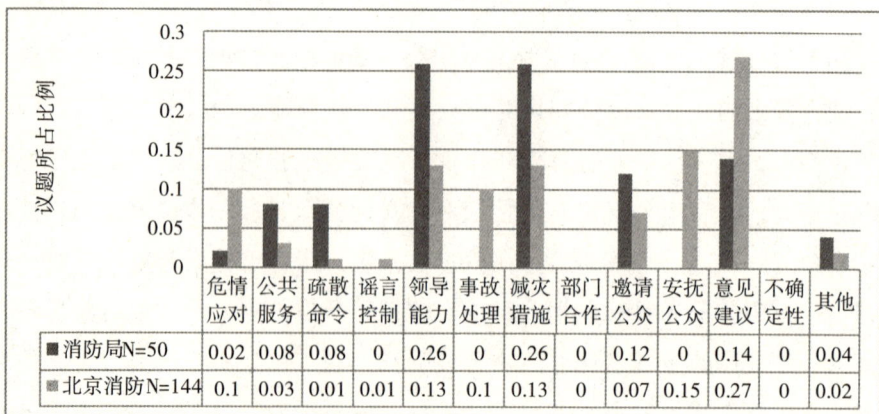

	危情应对	公共服务	疏散命令	谣言控制	领导能力	事故处理	减灾措施	部门合作	邀请公众	安抚公众	意见建议	不确定性	其他
■消防局N=50	0.02	0.08	0.08	0	0.26	0	0.26	0	0.12	0	0.14	0	0.04
■北京消防N=144	0.1	0.03	0.01	0.01	0.13	0.1	0.13	0	0.07	0.15	0.27	0	0.02

图 5-6　两市消防部门的议题构建比较

5.3.3.3　公众态度和行为基本情况比较

表 5－21 显示，在政务微博的转发效果中，中国平均每条信息的转发量是 907 条，而美国是 94 条。中国政务微博的危机传播被公众转发的平均条数十倍于美国。但是美国政务微博的正、负面评论相当，各占 50%，而中国正面态度占 73%，大于负面态度。公众对政府危机传播评价较高。

表 5－21　两市政务微博危机传播的公众态度和行为比较

	平均转发	正面比例	负面比例
美国	94	50%	50%
中国	907	73%	27%

5.3.3.4　议题构建的公众态度和行为比较

表 5－22 对比了纽约市和北京市政务微博在危机中议题构建的公众态度和行为。首先分析两者的公众转发行为。北京市公众转发行为总体比纽约市多，说明了北京市在危机中政务微博的关注度和公众使用行为更高；在信息框架中，北京市政务微博的使用公众更喜欢转发危情应对和疏散命令，而纽约市用户更喜欢转发公共服务信息；在行动框架中，北京市政务微博用户转发领导能力、事故处理、减灾措施和邀请公众多，纽约市政务微博用户转发部门合作较多；在观点框架中，北京市政务微博用户转发普遍高于纽约市。

分析两市政务微博使用公众的正面评价比值，可以看到：纽约市用户对各议题的评价态度起伏不大，而北京市政务微博使用公众的评价比值波动较大，对各议题评价差异较大。纽约市政务微博公众评价的信息框架普遍负面多于正面，而北京市政务微博公众评价的信息框架正面评价较多，大于 0.5；北京市比纽约市公众对政府行动框架议题评价更正面，而纽约市比北京市公众对政府行动框架议题评价更正面。两市公众评价最好的议题都是事故处理，分别为 0.75 和 0.94。

表5-22　两市政府议题构建的公众态度和行为比较

	N		转发数均值		正面比值	
	纽约市	北京市	纽约市	北京市	纽约市	北京市
危情应对	68	122	86.1	180.55	0.42	0.19
公共服务	188	37	122.3	85.24	0.44	0.54
疏散命令	78	4	93.29	215.25	0.42	0.73
谣言控制	1	4	207	106.5	0.2	0.43
领导能力	90	75	31.87	193.57	0.49	0.76
事故处理	21	48	41.76	9476.46	0.75	0.94
减灾措施	177	105	76.95	705.46	0.52	0.72
部门合作	4	3	138.75	100.33	0.5	0.34
邀请公众	50	51	228.4	490.69	0.58	0.66
安抚公众	22	116	179.5	228.38	0.44	0.39
意见建议	44	137	43.55	143.26	0.56	0.69
不确定性	11	2	45.91	84	0.67	缺失
其他	18	3	65.44	11.67	0.83	0.65
Total	772	707	94.85	907.46	0.5	0.73

5.4　社交属性的公众使用行为和态度分析

5.4.1　美国政务微博社交属性的传播效果

以纽约市政务微博为例，分析纽约市政务微博在2012年飓风桑迪应对中的社交属性传播效果，以内容分析法分析获取公众信息、公众提问和政府回复等公众参与表现得到如下结果。

5.4.1.1 公众参与体现的社交属性

表 5 - 23 纽约市不同机构的政务微博公众参与

	N	获取公众信息	公众提问	政府回复	政府回复率
显著性		0.005	0.000	0.000	
市长办公室	324	0.00	0.54	0.06	0.111111
市政厅	77	0.04	0.16	0.04	0.25
警察局	33	0.00	0.09	0.00	0
消防局	50	0.06	0.28	0.26	0.928571
应急办公室	288	0.02	0.06	0.01	0.166667
Total	772	0.02	0.29	0.05	0.172414

　　表 5 - 23 反映了纽约市不同政府机构政务微博的社交属性,也是就政府获取公众信息、与公众互动形成的促进公众参与。可以看到,在飓风桑迪发布的 772 条信息中,只有 2% 是转发至公众的,其他都是政府给自己发布的信息。公众使用政府政务微博发布信息评论功能,向政府提问、求助的占了所有信息的 29%,而政府使用评论功能回复公众提问的占了 5%,所以政府的回复率总体是 17.249%,总体回复率较低。

　　在所有的机构中,获取公众信息最多的是纽约市消防局,为 6%,市政厅其次,为 4%,应急管理办公室为 2%。其余机构获取公众信息非常少。在公众提问统计中,公众在市长办公室政务微博上的提问最多,占了 54%,可见市长办公室官方政务微博账号是公众与政府互动的首选账号。公众在消防局官方账号上提问也较多,占了 28%,而其他机构公众提问率则较少,分别为市政厅 16%、警察局 9%、应急办公室 6%。而在所有机构中,政府率最高的机构是消防局,占了 92.85%,而其他机构的回复率都较低,分别为市长办公室 11.11%,市政厅 25%,警察局为 0 回复,应急管理办公室 16.67%。

表 5-24　纽约市不同危机阶段的政务微博公众参与

	N	获取公众信息	公众提问	政府回复	政府回复率
显著性		0.387	0.000	0.326	
最后准备	152	0.01	0.25	0.03	0.12
危机发生	459	0.02	0.34	0.06	0.176471
快速恢复	161	0.01	0.16	0.05	0.3125
Total	772	0.02	0.29	0.05	0.172414

表 5-24 统计了不同危机阶段的政务微博促进公众参与情况。其中危机发生阶段获取公众信息最多，为 2%；而最后准备阶段和快速恢复阶段政务微博发布消息转发至公众的都只有 1%。而同样是危机发生阶段的公众提问最多，为 34%，最后准备阶段和快速恢复阶段分别为 25% 和 16%。在快速恢复阶段，纽约市政务微博的政府回复率最高，为 31.25%，而最后准备阶段为12%，危机发生阶段为 17.65%。

表 5-25　纽约市不同议题框架的政务微博公众参与

	N	获取公众信息	公众提问	政府回复	政府回复率
显著性		0.000	0.003	0.046	
危情应对	68	0.00	0.15	0.01	0.066667
公共服务	188	0.00	0.34	0.04	0.117647
疏散命令	78	0.05	0.23	0.04	0.173913
谣言控制	1	0.00	0.00	0.00	缺失
领导能力	90	0.02	0.22	0.01	0.045455
事故处理	21	0.00	0.29	0.00	0
减灾措施	177	0.01	0.29	0.10	0.344828
部门合作	4	0.00	0.50	0.00	0
邀请公众	50	0.00	0.42	0.08	0.190476
安抚公众	22	0.00	0.59	0.00	0

（续表）

	N	获取公众信息	公众提问	政府回复	政府回复率
意见建议	44	0.11	0.18	0.05	0.277778
不确定性	11	0.09	0.36	0.00	0
其他	18	0.00	0.28	0.11	0.392857
Total	772	0.02	0.29	0.05	0.172414

表 5 - 25 统计了纽约市不同议题构建的政务微博公众参与，可以看到，意见建议议题转发至公众的信息最多，为 11%，不确定性为 9%，疏散命令为 5%，而其他议题转发至公众的比例都很小，这些转发至公众较多的议题多为观点框架议题，说明政府在表达观点时，更倾向于引导公众，使得观点更具有说服力。而与公众直接相关的议题普遍获得公众较高的提问率，其中安抚公众提问率为 59%，邀请公众为 42%，其他提问率较高的议题是与公众日常生活相关的公共服务信息，为 34%，此外与行动相关的议题也有一定的提问，如事故处理和减灾措施都是 29%。在政府回复率中，减灾措施议题的政府回复率最多，为 34.45%；意见建议议题的回复率其次，为 27.78%；此外就是公共服务和疏散命令议题的回复率，分别为 17.4% 和 11.76%。

5.4.1.2　社交属性的公众态度和行为

本文以公众在政务微博上的提问是否有政府回复代表政府与公众的互动率，公众的提问在公众评论中提取统计，政府回复也是以政务微博为平台，也可以在政务微博上提取统计。计算公式为：政务回复均值/公众提问均值。该值越高，代表政府与公众互动的越多。统计中发现，在警察局的官方推特上，没有公众留言，所以也没有回复。

表 5 - 26　纽约市政务微博社交属性的公众态度和行为

	N	获取公众信息	公众提问	政府回复率	转发量均值	正面比值
市长办公室	324	0.00	0.54	0.111111	175.27	0.44
市政府	77	0.04	0.16	0.25	21.51	0.5

（续表）

	N	获取公众信息	公众提问	政府回复率	转发量均值	正面比值
警察局	33	0.00	0.09	0	42.48	0.93
消防局	50	0.06	0.28	0.928571	165.60	0.91
应急管理办公室	288	0.02	0.06	0.166667	18.36	0.25
Total	772	0.02	0.29	0.172414	95.09	0.5

表5-26显示，在获取公众信息的社交属性指标中，公众对纽约市消防局获取信息最高，达到0.06，而纽约市消防局在其他社交属性指标上同样达到了较高水平，公众提问达到0.28，排名第二，政府回复率达到0.93，排名第一。在纽约消防局社交属性表现较好的情况下，其公众态度和行为指标也表现良好，其中转发量均值达到165.6，正面比值达到0.91。

在公众提问指标中，市长办公室的公众提问最多，为0.54，但是市长办公室没有获取公众信息，为0，政府回复率约为0.11。在这样的社交属性下，其传播效果分别为转发量均值175.27，排名第一，正面比值0.44。

研究发现，纽约市警察局没有采用政务微博平台回复公众提问，这可能是因为，纽约市警察局拥有社交网站Facebook官方账号，同样也很活跃，可能采用了社交网站进行与公众的互动。在具有这样的社交属性表现后，研究发现，警察局的政务微博信息平均转发量是42.48，正面评价比值为0.93。

市政府的公众提问较多，为0.04，排名第二，公众提问为0.16，政府回复率为0.25，转发均值22.51，正面比值为0.5。应急管理办公室获取公众信息为0.02，公众提问为0.06，政府回复为0.17，转发均值18.35，正面评论比值为0.25。

5.4.2　中国政务微博社交属性的传播效果

以北京市政务微博为例，分析北京市政务微博在2012年7·21暴雨应对中的社交属性传播效果。以内容分析法分析获取公众信息、公众提问和政府回复等公众参与表现得到结果如下。

5.4.2.1 公众参与体现的社交属性

表 5-27 北京市不同机构的政务微博公众参与

	N	获取公众信息	公众提问	政府回复	政府回复率
P 值		0.000	0.000	0.001	
北京发布	229	0.13	0.94	0.13	0.138298
平安北京	176	0.05	0.94	0.16	0.170213
北京消防	144	0.30	0.81	0.08	0.098765
水润京华	158	0.46	0.45	0.04	0.088889
Total	707	0.22	0.80	0.11	0.1375

表 5-27 统计了北京市政务微博在"7·21"暴雨中的公众参与情况。在 707 条政务微博信息中,有 22%是转发至公众,而公众在政务微博评论功能留言的占了 80%,然而北京市政务微博的回复率却不高,约为 13.75%。

在所有机构中,北京市水利局官方微博账号水润京华转发公众的信息最多,占 46%,而北京市消防局其次,为 30%,北京市政府新闻办公室和北京市公安局转发公众信息较少,分别为 13%和 5%。北京市政府新闻办公室和北京市公安局虽然获取公众信息最少,但是公众使用这两个机构的政务微博社交属性却较多,他们的公众提问率都为 94%,政府回复率也较其他机构较高,分别为 13.83%和 17.02%;北京市消防局的公众提问率为 81%,北京市水利局官方微博账号水润京华的公众提问率为 45%,此外这两个机构的政府回复率也较低,为 9.87%和 8.89%。

表 5-28 北京市不同危机阶段的政务微博公众参与

	N	获取公众信息	公众提问	政府回复	政府回复率
P 值		0.503	0.209	0.394	
最后准备	185	0.23	0.76	0.14	0.184211
危机发生	302	0.20	0.83	0.10	0.120482
快速恢复	220	0.23	0.80	0.10	0.125
Total	707	0.22	0.80	0.11	0.1375

表5-28统计了不同阶段的北京市政府微博公众参与情况，其中危机发生阶段获取公众信息最小，为20%；而最后准备阶段和快速恢复阶段政务微博发布消息转发至公众的都占23%。但是危机发生阶段的公众提问最多，为83%，最后准备阶段和快速恢复阶段分别为76%和83%。在最后阶段，纽约市政务微博的政府回复率最高，为18.42%，而危机发生阶段和快速恢复政府回复率差不多，都约为12%。

表5-29　北京市不同议题框架的政务微博公众参与

	N	获取公众信息	公众提问	政府回复	政府回复率
P值		0.000	0.012	0.014	
危情应对	122	0.42	0.70	0.08	0.114286
公共服务	37	0.11	0.76	0.05	0.065789
疏散命令	4	0.25	1.00	0.50	0.5
谣言控制	4	0.25	0.50	0.00	0
领导能力	75	0.08	0.91	0.15	0.164835
事故处理	48	0.27	0.92	0.06	0.065217
减灾措施	105	0.10	0.85	0.09	0.105882
部门合作	3	0.00	1.00	0.00	0
邀请公众	51	0.27	0.75	0.06	0.08
安抚公众	116	0.23	0.78	0.09	0.115385
意见建议	137	0.17	0.81	0.19	0.234568
不确定性	2	0.00	0.50	0.00	0
其他	3	0.67	1.00	0.33	0.33
Total	707	0.22	0.80	0.11	0.1375

表5-29统计了北京市不同议题构建的政务微博公众参与情况，可以看到，危情应对议题转发至公众的信息最多，为42%，事故处理和邀请公众其次，为27%，疏散命令和谣言控制为25%，安抚公众为23%，而其他议题转发至公众的比例都很小。这些转发至公众较多的议题多为信息框架议题，说

明北京市政府在公布信息时，更倾向于引用公众信息，以便及时获取第一手信息。除了谣言控制议题的公众提问率较低，为 50% 以外，其他议题的公众提问率都较高。在政府回复率中，意见建议议题的政府回复率最多，为23.46%；领导能力议题的回复率其次，为 16.48%；此外就是危情应对、减灾措施和安抚公众议题的政府回复率相对较多，约为 11%。

5.4.2.2　社交属性的公众态度和行为

表 5 - 30　北京市政务微博社交属性的公众态度和行为

	N	获取公众信息	公众提问	政府回复率	转发量均值	正面比值
北京发布	229	0.13	0.94	0.138298	514.15	0.443836
平安北京	176	0.05	0.94	0.170213	2860.16	0.927435
北京消防	144	0.30	0.81	0.098765	98.63	0.636079
水润京华	158	0.46	0.45	0.088889	39.53	0.532423
Total	707	0.22	0.80	0.1375	907.46	0.731777

表 5 - 30 显示，在获取公众信息的社交属性指标中，北京市水利局获取公众信息最高，达到 0.46，近一半的信息都转发至公众，但是该机构在其他社交属性指标上表现的都不高，公众提问为 0.45，政府回复率为 0.09，都是倒数第一。在纽约消防局社交属性表现较好的情况下，北京市消防局的表现也同样较好，其转发量均值为 39.53，正面比值为 0.53，同样是倒数第一。

在公众提问指标中，北京市政府新闻办公室和北京市公安局的公众提问同样多，为 0.94；北京市公安局的政府回复较高，为 0.17，也是社交属性该指标的最高值，北京市政府新闻办公室紧随其后，政府回复为 0.14。在这样的社交属性下，北京市政府新闻办公室传播效果为转发量均值 514.15，排名第二，正面比值 0.44。北京市政府公安局传播效果为转发量均值 2860.16，正面比值 0.93，排名都是第一。

北京市消防局获取公众信息值为 0.3，公众提问值为 0.81，政府回复率为 0.1，转发量均值正面评论比值为 0.64。

5.4.3 两国比较

表 5-31　两国政务微博社交属性比较

	N	获取公众信息	公众提问	政府回复
分布检验		t=−12.337，p<0.01	t=−23.26，p<0.01	t=4.24，p<0.01
美国	772	.02（.129）	.29（.452）	.05（.216）
中国	707	.22（.412）	.80（.398）	.11（.312）

表 5-31 表明，两国政务微博危机传播中的公众参与测度，中国普遍高于美国。获取公众信息比例（t=−12.337，p<0.01），中国显著较多（M=.22，SD=.412），说明中国政府偏好转发公众的信息；公众提问率（t=−23.26，p<0.01），中国也比较高（M=.80，SD=.398），说明中国公众在政务微博上的提问和求救较多；政府回复率（t=4.24，p<0.01）的比较中，中国政府（M=.11，SD.312）表现出较高的在政务微博上回复公众的表现。

表 5-32　两市政务微博社交属性的公众态度和行为比较

		N	获取公众信息	公众提问	政府回复率	转发量均值	正面比值
市政府	北京发布	229	.13	.94	0.138298	514.15	0.443836
	纽约市政厅	77	0	0.54	0.25	21.51	0.5
公安机构	平安北京	176	.05	.94	0.170213	2860.16	0.927435
	纽约警察局	33	0.04	0.16	0	42.48	0.93
消防机构	北京消防	144	.30	.81	0.098765	98.63	0.636079
	纽约消防局	50	0	0.09	0.928571	165.6	0.91

表 5-32 比较了两市不同政务微博的社交属性和公众态度与行为，我们可以对其中相似机构的表现进行比较。首先看北京发布和纽约市政厅的表现，这两个都是综合性部门，纽约市没有转发公众信息，而北京市获取公众信息占了 13%；但是纽约市政厅的政府回复率比北京市政府要高；北京市政府政务微博转发量较多，但是正面比值较低。在公安机构的比较中，对比北京市

政府官方政务微博账号平安北京与纽约市警察局官方账号 NYPD 可以发现，北京市获取公众信息较多，公众提问和政府回复以及转发均值都比纽约市要多，但是两者的正面比值相差不多。在北京市消防和纽约市消防局的政务微博比较中发现，北京消防获取公众信息和公众提问较多，但是纽约市消防局在北京市整体表现较好的情况下有所不同，在政府回复率、转发均值和正面比值上都超过了北京消防。

第6章 政务微博危机
传播效果的问卷调查

6.1 基于问卷调查方法的传播效果研究

6.1.1 问卷调查法简介

问卷调查法是通过设计针对某一研究问题的征询表，向受访者发放，请求填写对研究问题的意见和建议，以搜集研究资料的一种社会科学调查方法。征询表的询问方式可以有量表、选择题、主观题等（秦磊，2012）。

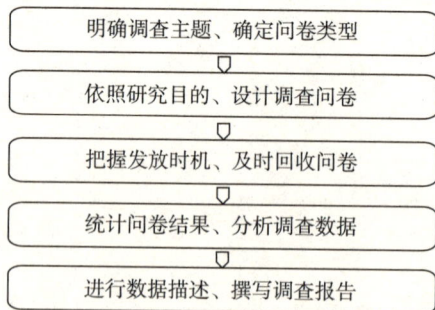

图 6-1　问卷调查的标准化流程

图 6-1 显示了问卷调查的标准流程。本文的问卷调查，确定以公众对某一地方政府政务微博的危机传播满意度为调查对象，采用量表类型问卷；根据文献综述和危机传播的实际情况，设计问卷调查；利用网络发放和回收问卷；最终根据需要统计问卷结果和分析数据；回答本文的研究问题。

6.1.2　问卷量表设计

6.1.2.1　基本情况

调查受访者的性别、年龄、教育程度和微博使用终端。研究人口特征对满意度的影响。

6.1.2.2　使用动机

表 6-1　动机和满意度的测量

测量变量	测量问题	相关理论研究
议题构建	1 有关受影响地区的真实情况，如天气、安全	Hughes Denis 2014
	2 公共交通、学校、电力等公共服务措施的关闭和开放的信息	
	3 人员疏散命令、避难所信息等	
	4 澄清有关危机的不实信息和谣言等	
	5 政府的重大成就、领导举措、领导人动态等	
	6 政府特殊事故的处理和应对努力	
	7 政府减灾相关的行动，如准备悼念、物流或者减灾许诺等	
	8 政府危机应对部门之间的协同工作	
	9 政府邀请公众参与减灾、收集危机信息	
	10 通知公众不需要担心的信息	
	11 公众的行动建议，如什么时候需要拨打报警电话	
	12 危机任何方面的不确定讨论，如原因、波及范围、结果等	
公众参与	1 评论政府行为	Waters and Williams 2011
	2 在政务微博上寻求帮助	
	3 在政务微博上的留言可以得到及时回复	
	4 在政务微博上帮助他人	
	5 比其他媒介更好地和政府互动	

本文的研究目标是研究微博媒体属性和社交属性在危机传播中的效果，因此将动机分为社交动机和媒体动机两个方面。根据本文的文献综述，将媒体动机由议题构建的公众获取动机代表，媒体动机由公众参与政务微博危机

传播的动机代表。

其中议题构建的公众获取动机参考 Hughes 和 Denis 在 2014 年的研究，该研究认为政府在社交媒体上的议题构建有：清扫、关闭、损坏、捐献、公众参与、疏散、准备、保护、安慰、恢复、应对、资源、谣言、安全、服务、状态、支持和天气等。针对政务微博的特点，本研究将危机管理中的议题框架构建分为信息框架（1～4）、行动框架（5～9）和观点框架（10～12），每个框架下有不同的指标，在问卷分析中将这些问题简化为危情更新、公共信息、疏散命令、谣言控制、领导能力、事故处理、减灾措施、部门协作、邀请公众、安抚公众、意见建议和不确定性。

Richard D. Waters 和 Jensen M. Williams 在 2011 年的研究认为，公众在推特上对政府工作的参与行为分为评论、求助、转发、寻求回复、与政府互动，结合危机的特殊性，公众在危机中可以在政务微博上对他人的问题进行解答，进行用户之间的互相帮助，所以增加一项帮助他人的指标，采用 5 级尺度量表，从 1 到 5 为不想使用到想使用。

指标详细描述如表 6-1。问卷对议题构建和公众参与两个变量进行测量。

6.1.2.3　使用满意度

根据已有研究（Rayburn，1984），认为测度动机的量表也可以用来测量满意度，因此满意度的测量样表同为表 6-1，将问题改为，在您使用过政务微博危机传播功能后，是否对政务微博这些功能感到满意。采用 5 级尺度量表，从 1～5 为不满意到满意。

6.1.3　问卷发放和回收

本研究首先使用"问卷星"网站制作在线调查网站，分为中英文版本，具体问卷见附录 3-4。针对美国和中国受众采用不同平台发放。

美国的问卷发放首先使用推特在线推广，在飓风桑迪中使用过，对纽约市政务微博的用户发放 200 份，回收有效问卷 32 份，有效回收率为 16%，回收率较低，后采用 Amazon mechanical turk 网站的问卷有偿填写平台，选择条件是在飓风桑迪中使用过推特账号关注纽约市政务微博，推广 200 份问卷，得到有效问卷 175 份（清除答卷时间小于 30 秒钟和连续选择同一问项的问卷），有效回收率为 87.5%。加上之前回收的有效问卷，共回收 207 份有效问卷。回收问卷的人口统计学特征如表 6-2 所示。

表 6-2 美国问卷的人口统计学特征

项目	问项	样本数（人）
性别	男	86
	女	121
年龄	0~18	2
	19~22	30
	23~28	58
	29~38	59
	38 岁以上	58
教育程度	高中以下	37
	大专	4
	本科	112
	研究生	54
使用方式	个人电脑	131
	移动终端	76

中国的问卷平台使用新浪微博私信功能推广，在"7·21"暴雨中使用过，向北京市政务微博的用户发放 400 份问卷，回收问卷 249 份，通过清除无效数据（答卷时间小于 30 秒钟和连续选择同一问项的问卷），最终得到有效问卷 212 份，有效回收率为 53%。回收问卷的人口统计学特征如表 6-3 所示。

表 6-3 中国问卷的人口统计学特征

项目	问项	样本数（人）
性别	男	94
	女	118
年龄	0~18	4
	19~22	34
	23~28	70
	29~38	60
	38 岁以上	44

（续表）

项目	问项	样本数（人）
教育程度	高中以下	36
	大专	8
	本科	102
	研究生	66
使用方式	个人电脑	120
	移动终端	92

6.1.4　问卷信效度检查

首先要对问卷进行信度检验，以证明问卷的稳定性和每份问卷的可靠性。问卷的信度检验多采用 Cronbach's α 系数，目前多数研究认为，Cronbach's α 系数只要大于 0.5 就符合一般社会科学研究（王战平，阮成奇，李鸣喻，2014）。本文采用 SPSS 进行 Cronbach's α 分析，得到纽约市问卷结果为 0.903，北京市问卷结果为 0.886，说明问卷具有很高的可信度。分别对量表的每一项变量进行 Cronbach's α 检验，各变量结果都大于 0.5，说明各变量具有很高的可信度。具体结果如表 6－4 和表 6－5 所示。

表 6－4　美国问卷的信度检查

测量变量	测量问题	α
议题构建	1 有关受影响地区的真实情况，如天气、安全	.903
	2 公共交通、学校、电力等公共服务措施的关闭和开放的信息	.904
	3 人员疏散命令、避难所信息等	.900
	4 澄清有关危机的不实信息和谣言等	.896
	5 政府的重大成就、领导举措、领导人动态等	.900
	6 政府特殊事故的处理和应对努力	.900
	7 政府减灾相关的行动，如准备悼念、物流或者减灾许诺等	.901
	8 政府危机应对部门之间的协同工作	.899
	9 政府邀请公众参与减灾、收集危机信息	.894
	10 通知公众不需要担心的信息	.894
	11 公众的行动建议，如什么时候需要拨打报警电话	.895
	12 危机任何方面的不确定讨论，如原因、波及范围、结果等	.895

（续表）

测量变量	测量问题	α
公众参与	1 发布的信息可能会被政府获取	.902
	2 在政务微博上寻求帮助能得到解决	.895
	3 在政务微博上的提问可以得到政府及时回复	.896
	4 可以在政务微博上帮助他人	.898
	5 可以比其他媒介更好的和政府互动	.899

表 6-5　中国问卷的信度检查

测量变量	测量问题	α
议题构建	1 有关受影响地区的真实情况，如天气、安全	.889
	2 公共交通、学校、电力等公共服务措施的关闭和开放的信息	.888
	3 人员疏散命令、避难所信息等	.883
	4 澄清有关危机的不实信息和谣言等	.879
	5 政府的重大成就、领导举措、领导人动态等	.880
	6 政府特殊事故的处理和应对努力	.882
	7 政府减灾相关的行动，如准备悼念、物流或者减灾许诺等	.885
	8 政府危机应对部门之间的协同工作	.881
	9 政府邀请公众参与减灾、收集危机信息	.877
	10 通知公众不需要担心的信息	.877
	11 公众的行动建议，如什么时候需要拨打报警电话	.880
	12 危机任何方面的不确定讨论，如原因、波及范围、结果等	.878
公众参与	1 发布的信息可能会被政府获取	.881
	2 在政务微博上寻求帮助能得到解决	.876
	3 在政务微博上的提问可以得到政府及时回复	.880
	4 可以在政务微博上帮助他人	.879
	5 可以比其他媒介更好地和政府互动	.877

　　问卷的效度分析主要验证数据的机构效果。本研究采用 KMO 和 Bartlett 球形检验问卷效度，一般统计要求，KMO 达到 0.5 以上。使用 SPSS 分析，得到纽约市 KMO 的值为 0.772，北京市 KMO 的值为 0.793，说明数据很适合做

因子分析。两市的 KMO 和 Bartlett 球形检验结果如表 6-6 和表 6-7 所示。

表 6-6　纽约市问卷 KMO 和 Bartlett 的检验

取样足够度的 Kaiser-Meyer-Olkin 度量		.772
Bartlett 的球形度检验	近似卡方	2481.702
	df	210
	Sig.	.000

表 6-7　北京市问卷 KMO 和 Bartlett 的检验

取样足够度的 Kaiser-Meyer-Olkin 度量		.793
Bartlett 的球形度检验	近似卡方	1984.849
	df	210
	Sig.	.000

6.2　媒体属性的公众满意度分析

6.2.1　美国政务微博媒体属性的传播效果

以问卷调查法调查公众对危机中纽约市政务微博媒体属性的使用期望和满意度。

图 6-2 统计了纽约市政务微博危机传播中媒体属性的公众使用动机和满意度的调查结果平均值。其中使用动机中，对危情更新（4.48）、减灾措施（4.57）、公共服务（4.23）议题的使用动机较多，都大于 4，有获取的期望值。而对谣言控制的期望值较低，仅为 2.98。在使用后得到的满足调查中，危情更新（4.39）、减灾措施（4.41）、公共服务（4.38）三者的使用满意度也相对较高。

为了更为客观地反映纽约市公众在危机中使用政务微博前的使用期望和使用后的满足之间的差异，利用 SPSS 中的比较均值 t 检验功能对数据进行分析，以使用动机调查结果代表使用期望、以使用满意度结果代表使用满足，并衡量用户在媒体属性哪些方面得到了满足，结果如表6-8所示。在结果显示中，以议题构建类目1代表媒体属性的使用动机，以议题构建类目2代表使用满足。

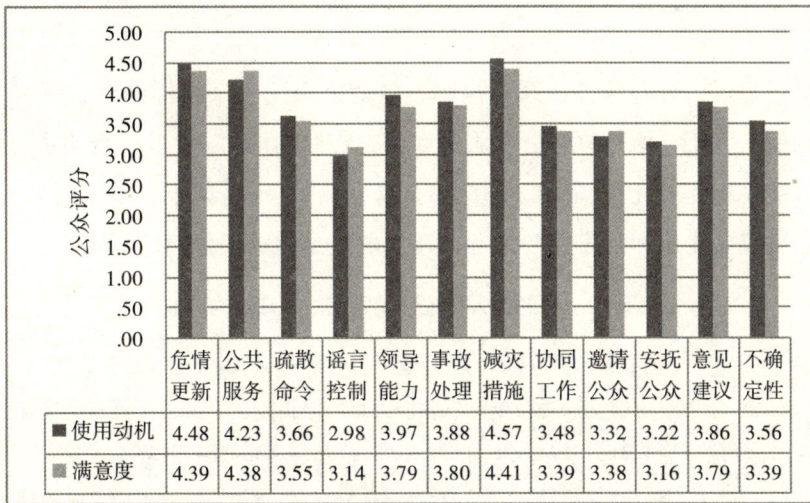

图6-2　纽约市政务微博媒体属性的公众使用动机和满意度均值

	危情更新	公共服务	疏散命令	谣言控制	领导能力	事故处理	减灾措施	协同工作	邀请公众	安抚公众	意见建议	不确定性
使用动机	4.48	4.23	3.66	2.98	3.97	3.88	4.57	3.48	3.32	3.22	3.86	3.56
满意度	4.39	4.38	3.55	3.14	3.79	3.80	4.41	3.39	3.38	3.16	3.79	3.39

表6-8　纽约市公众对媒体属性使用期望与使用满足之间的差异

	均值	标准差	t	df	Sig
危情更新1-危情更新2	-.087	.663	1.888	206	.060
公共服务1-公共服务2	.155	.868	-2.564	206	.011
疏散命令1-疏散命令2	-.106	.787	1.942	206	.053
谣言控制1-谣言控制2	.155	1.139	-1.953	206	.052
领导能力1-领导能力2	-.179	1.011	2.545	206	.012
事故处理1-事故处理2	-.077	1.081	1.029	206	.305
减灾措施1-减灾措施2	-.164	.771	3.066	206	.002
协同工作1-协同工作2	-.097	.870	1.597	206	.112
邀请公众1-邀请公众2	.063	1.128	-.801	206	.424

（续表）

	均值	标准差	t	df	Sig
安抚公众1－安抚公众2	－.058	.798	1.045	206	.297
意见建议1－意见建议2	－.072	.870	1.198	206	.232
不确定性1－不确定性2	－.169	.895	2.717	206	.007

结果显示，公共服务、谣言控制、邀请公众这3个指标的动机和满意度之间均值差为正，但是只有公共服务和谣言控制的均值t检验呈现出了显著的差异（sig<0.05），也就是说，纽约市公众认为政务微博危机传播媒体属性在公共服务议题构建和谣言控制议题构建上的满足超过了他们的预期。

表6－9　纽约市人口统计学特征对满意度的影响

项目	问项	危情更新	公共服务	疏散命令	谣言控制	领导能力	事故处理	减灾措施	协同工作	邀请公众	安抚公众	意见建议	不确定性
性别	男	4.31	4.19	3.38	3.20	3.72	3.76	4.44	3.64	3.37	3.10	3.51	3.31
	女	4.45	4.52	3.67	3.09	3.84	3.83	4.38	3.21	3.39	3.21	3.51	3.31
年龄	0～18	5.00	5.00	4.00	3.00	1.00	3.00	5.00	2.00	2.00	2.00	3.00	1.00
	18～22	4.37	4.20	3.20	2.60	3.57	3.80	4.23	3.23	3.27	2.93	3.97	2.70
	23～28	4.24	4.38	3.90	3.36	4.21	3.98	4.50	3.57	3.21	3.05	3.79	3.36
	28～38	4.51	4.14	3.03	2.85	3.42	3.47	4.32	3.29	3.44	3.19	3.66	3.59
	38岁以上	4.41	4.71	3.90	3.48	3.97	3.98	4.47	3.43	3.60	3.41	3.86	3.66
教育程度	高中以下	3.76	3.95	3.30	3.08	3.81	3.51	4.27	3.89	3.70	3.70	3.78	3.43
	大专	4.00	4.00	3.50	4.00	2.50	4.00	3.50	2.50	2.50	2.50	2.50	2.50
	本科	4.66	4.48	3.63	3.07	3.80	3.80	4.49	3.23	3.37	3.05	3.79	3.55
	研究生	4.30	4.50	3.57	3.21	3.85	3.98	4.39	3.43	3.26	3.04	3.89	3.09
使用方式	个人电脑	4.31	4.47	3.74	3.44	4.07	3.83	4.4	3.27	3.4	3.26	3.95	3.47
	移动终端	4.53	4.22	3.22	2.61	3.32	3.75	4.42	3.58	3.34	3	3.51	3.26
总计		4.39	4.38	3.55	3.14	3.79	3.8	4.41	3.39	3.38	3.16	3.79	3.39

表6－9反映了不同性别、年龄、教育程序和使用方式对满意度的影响。

6.2.2　中国政务微博媒体属性的传播效果

以问卷调查法调查公众对危机中北京市地方政务微博媒体属性的使用期望和满意度。

图 6-3 统计了北京市政务微博危机传播中媒体属性的公众使用动机和满意度的调查结果平均值。其中使用动机中，对危情更新（4.52）、减灾措施（4.55）、公共服务（4.25）议题的使用动机较多，都大于 4，有获取的期望值。而对谣言控制的期望值较低，仅为 2.84。在使用后得到的满足调查中，危情更新（4.48）、减灾措施（4.41）、公共服务（4.35）三者的使用满意度也相对较高。

为了更为客观地反映纽约市公众在危机中使用政务微博前的使用期望和使用后的满足之间的差异，利用 SPSS 中的比较均值 t 检验功能对数据进行分析，以使用动机调查结果代表使用期望、以使用满意度结果代表使用满足，并衡量用户在媒体属性哪些方面得到了满足。在结果显示中，以议题构建类目 1 代表媒体属性的使用动机，以议题构建类目 2 代表使用满足，结果如表 6-10 所示。

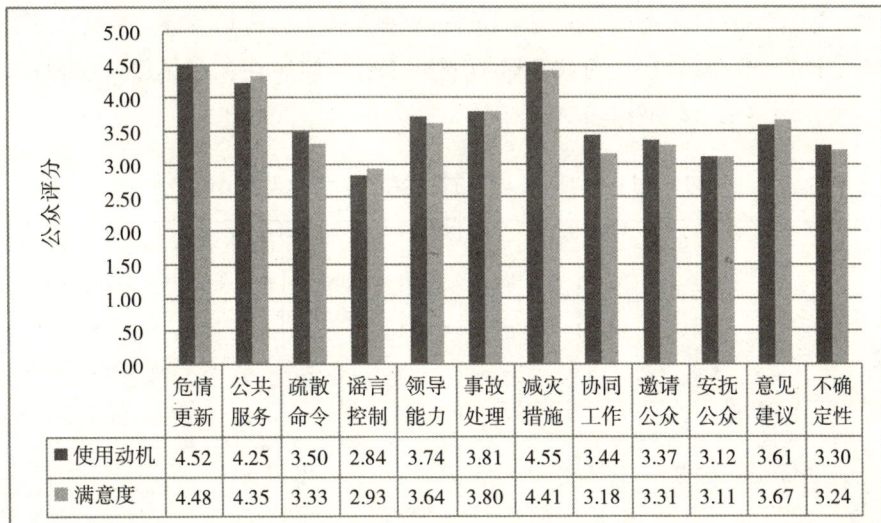

	危情更新	公共服务	疏散命令	谣言控制	领导能力	事故处理	减灾措施	协同工作	邀请公众	安抚公众	意见建议	不确定性
使用动机	4.52	4.25	3.50	2.84	3.74	3.81	4.55	3.44	3.37	3.12	3.61	3.30
满意度	4.48	4.35	3.33	2.93	3.64	3.80	4.41	3.18	3.31	3.11	3.67	3.24

图 6-3　北京市政务微博媒体属性的公众使用动机和满意度均值

表6-10　北京市公众得到的满足与寻求的满足之间的差异

	均值	标准差	t	df	显著性
危情更新1-危情更新2	-.038	.790	.695	211	.488
公共服务1-公共服务2	.104	.992	-1.523	211	.129
疏散命令1-疏散命令2	-.170	.978	2.528	211	.451
谣言控制1-谣言控制2	.094	1.062	-1.293	211	.197
领导能力1-领导能力2	-.094	1.017	1.351	211	.178
事故处理1-事故处理2	-.009	.949	.145	211	.885
减灾措施1-减灾措施2	-.142	.842	2.446	211	.015
协同工作1-协同工作2	-.264	1.024	3.756	211	.000
邀请公众1-邀请公众2	-.057	1.038	.794	211	.428
安抚公众1-安抚公众2	-.009	.969	.142	211	.887
意见建议1-意见建议2	.057	1.091	-.755	211	.012
不确定性1-不确定性2	-.066	1.129	.851	211	.395

公共服务、谣言控制、意见建议这3个指标的动机和满意度之间均值差为正，但是只有意见和建议的均值t检验呈现出了显著的差异（sig<0.05），也就是说，北京市公众认为政务微博危机传播媒体属性在意见建议议题构建上的满足超过了他们的预期。

表6-11　北京市人口统计学特征对满意度的影响

项目	问项	危情更新	公共服务	疏散命令	谣言控制	领导能力	事故处理	减灾措施	协同工作	邀请公众	安抚公众	意见建议	不确定性
性别	男	4.40	4.32	3.38	2.96	3.55	3.79	4.47	3.43	3.40	3.00	3.43	3.17
	女	4.54	4.37	3.29	2.92	3.71	3.81	4.36	2.98	3.24	3.20	3.86	3.29
年龄	0~18	5.00	4.50	3.50	2.50	1.00	3.00	4.00	2.50	3.00	3.50	2.00	1.00
	18~22	4.29	3.94	3.29	2.76	3.29	3.53	3.94	2.76	3.12	3.00	3.65	2.82
	23~28	4.46	4.40	3.43	3.11	3.94	3.94	4.60	3.31	3.31	2.97	3.57	3.23
	28~38	4.53	4.20	2.90	2.67	3.57	3.63	4.37	3.07	3.33	3.20	3.77	3.60
	38岁以上	4.55	4.77	3.77	3.18	3.77	4.09	4.55	3.50	3.45	3.27	3.86	3.27

（续表）

项目	问项	危情更新	公共服务	疏散命令	谣言控制	领导能力	事故处理	减灾措施	协同工作	邀请公众	安抚公众	意见建议	不确定性
教育程度	高中以下	4.00	4.00	3.28	2.89	3.56	3.61	4.28	3.39	3.78	3.83	3.39	3.50
	大专	4.25	3.75	3.25	3.25	2.75	3.50	3.50	2.50	2.75	3.00	3.00	2.75
	本科	4.67	4.47	3.41	3.06	3.82	4.02	4.51	3.20	3.24	3.00	3.71	3.37
	研究生	4.48	4.42	3.24	2.73	3.52	3.61	4.42	3.12	3.24	2.91	3.85	2.94
使用方式	个人电脑	4.43	4.37	3.38	3.25	3.98	3.97	4.38	3.25	3.48	3.28	3.85	3.38
	移动终端	4.54	4.33	3.26	2.52	3.20	3.59	4.43	3.09	3.09	2.89	3.43	3.04
总计		4.48	4.35	3.33	2.93	3.64	3.80	4.41	3.18	3.31	3.11	3.67	3.24

表6-11反映了不同性别、年龄、教育程序和使用方式对满意度的影响。

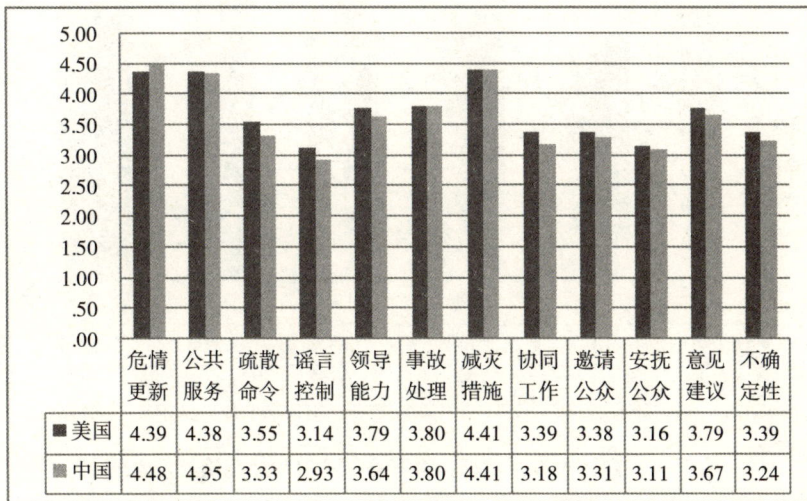

	危情更新	公共服务	疏散命令	谣言控制	领导能力	事故处理	减灾措施	协同工作	邀请公众	安抚公众	意见建议	不确定性
美国	4.39	4.38	3.55	3.14	3.79	3.80	4.41	3.39	3.38	3.16	3.79	3.39
中国	4.48	4.35	3.33	2.93	3.64	3.80	4.41	3.18	3.31	3.11	3.67	3.24

图6-4　两市政务微博媒体属性公众满意度比较

6.2.3　两国比较

图6-4比较了北京市和纽约市公众使用政务微博后得到的满足，也就是满意度比较。其中，中国公众只在危情更新议题上的满意度超过了美国公众，

此外在事故处理和减灾措施上与美国公众满意度一致，其他议题的使用满意度均比美国低。

6.3 社交属性的公众满意度分析

6.3.1 美国政务微博社交属性的传播效果

以问卷调查法调查公众对危机中纽约市政务微博社交属性的使用期望和满意度。

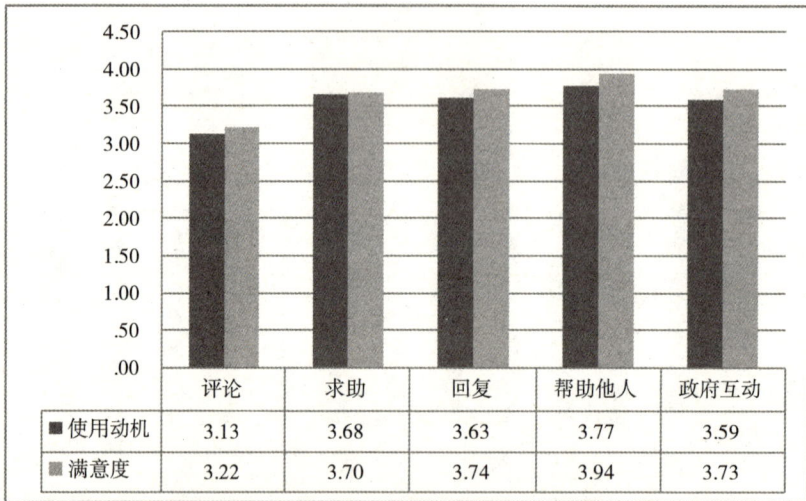

	评论	求助	回复	帮助他人	政府互动
■ 使用动机	3.13	3.68	3.63	3.77	3.59
■ 满意度	3.22	3.70	3.74	3.94	3.73

图6-5　纽约市社交属性的公众使用动机与使用满意度均值

图6-5反映了纽约市社交属性的公众使用动机与满意度，在使用动机中，对期待政府回复的使用动机最强，为3.68，其次分别为帮助他人、政府互动，而评论的使用动机最弱；在满意度中，与使用动机不同，对帮助他人的满意度最高，为3.94，其次为政府回复、政府互动和求助，同样对评论的满意最低。

表 6-12   纽约市公众对社交属性得到的满足与寻求的满足之间的差异

	均值	标准差	t	df	Sig
评论 1-评论 2	.092	.938	−1.408	206	.161
求助 1-求助 2	.019	.945	−.294	206	.769
回复 1-回复 2	.111	1.020	−1.567	206	.119
帮助他人 1-帮助他人 2	.169	.890	−2.734	206	.007
政府互动 1-政府互动 2	.135	.751	−2.591	206	.010

为了更为客观地反映纽约市公众在危机中使用政务微博前寻求的满足和使用后得到的满足之间的差异，通过 SPSS 中的比较均值 t 检验，将得到的满足与寻求的满足进行对比，来衡量用户在哪些方面得到了满足，结果如表 6-12 所示。所有指标的动机和满意度之间均值差为正，但是只有帮助他人和政府互动的均值 t 检验呈现出了显著的差异（sig<0.05），也就是说，纽约市公众认为政务微博危机传播社交属性中的可以帮助他人和可以与政府互动的满足超过了他们的预期。

表 6-13   纽约市人口统计学特征对满意度的影响

项目	问项	评论	求助	回复	帮助他人	政府互动
性别	男	3.67	3.86	3.86	3.94	3.65
	女	2.90	3.58	3.65	3.94	3.79
年龄	0~18	3.00	4.00	2.00	3.00	4.00
	18~22	3.23	3.43	3.53	3.77	3.97
	23~28	3.83	3.67	3.83	3.93	3.90
	28~38	2.68	3.54	3.88	3.71	3.29
	38 岁以上	3.17	4.00	3.67	4.31	3.88
教育程度	高中以下	3.11	3.84	4.03	3.78	4.08
	大专	3.00	3.00	3.00	2.00	3.00
	本科	3.39	3.66	3.55	3.84	3.75
	研究生	2.96	3.72	3.98	4.41	3.50

（续表）

项目	问项	评论	求助	回复	帮助他人	政府互动
使用方式	个人电脑	3.28	3.80	3.79	4.08	3.82
	移动终端	3.12	3.51	3.66	3.71	3.57
总计		3.22	3.70	3.74	3.94	3.73

表6-13从不同的性别、年龄、教育程序和使用方式对社交属性的满意度进行了分析。

6.3.2　中国政务微博媒体属性的传播效果

以问卷调查法调查公众对危机中北京市政务微博社交属性的使用期望和满意度。

图6-6反映了北京市社交属性的公众使用动机与满意度，在使用动机中，对期待帮助他人的使用动机最强，为3.8，其次分别为求助、回复、政府互动，而评论的使用动机最弱；在满意度中，与使用动机相同，对帮助他人的满意度最高，为3.83，其次为求助、政府回复和政府互动，同样对评论的满意最低。

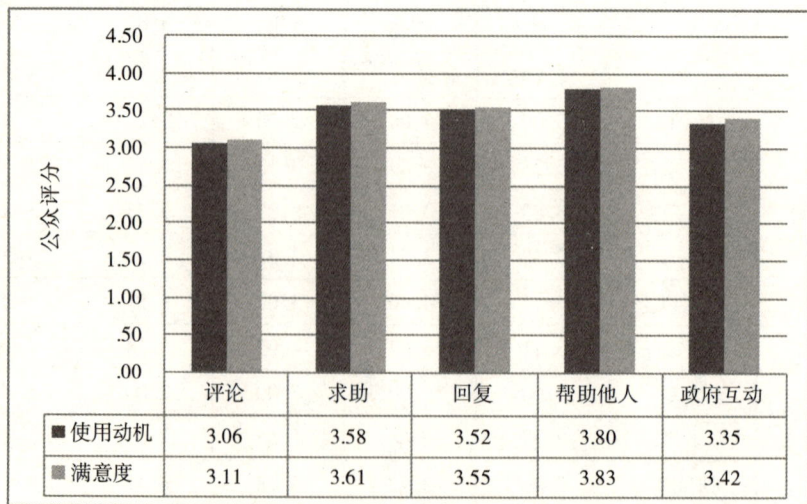

	评论	求助	回复	帮助他人	政府互动
■ 使用动机	3.06	3.58	3.52	3.80	3.35
■ 满意度	3.11	3.61	3.55	3.83	3.42

图6-6　北京市社交属性的公众使用动机与使用满意度均值

表6-14 北京市公众对社交属性得到的满足与寻求的满足之间的差异

	均值	标准差	均值的标准误	差分的95%置信区间		t	df	Sig
				下限	上限			
评论1-评论2	.057	.836	.057	-.170	.057	-.986	211	.325
求助1-求助2	.038	.814	.056	-.148	.072	-.675	211	.500
回复1-回复2	.028	1.122	.077	-.180	.124	-.367	211	.714
帮助他人1-帮助他人2	.028	.843	.058	-.142	.086	-.489	211	.625
政府互动1-政府互动2	.066	.829	.057	-.178	.046	-1.160	211	.248

为了更为客观地反映北京市公众在危机中使用政务微博前寻求的满足和使用后得到的满足之间的差异，通过 SPSS 中的比较均值 t 检验，将得到的满足与寻求的满足进行对比，来衡量用户在哪些方面得到了满足。结果如表6-14所示。所有指标的动机和满意度之间均值差为正，但是没有指标的均值 t 检验呈现出了显著的差异（sig<0.05），也就是说，北京市公众认为政务微博危机传播社交属性中的使用满意度都超过了使用动机，但是结果都不显著。

表6-15 北京市人口统计学特征对满意度的影响

项目	问项	评论	求助	回复	帮助他人	政府互动
性别	男	3.34	3.77	3.64	3.87	3.49
	女	2.93	3.49	3.47	3.80	3.36
年龄	0~18	3.50	4.00	2.00	4.00	3.00
	18~22	3.29	3.35	3.53	3.71	3.65
	23~28	3.17	3.51	3.43	3.83	3.26
	28~38	2.80	3.60	3.60	3.67	3.30
	38岁以上	3.27	3.95	3.82	4.14	3.68

（续表）

项目	问项	评论	求助	回复	帮助他人	政府互动
教育程度	高中以下	3.28	3.94	3.56	4.00	3.83
	大专	3.00	3.25	3.50	3.00	3.25
	本科	3.33	3.51	3.57	3.69	3.47
	研究生	2.70	3.64	3.52	4.06	3.12
使用方式	个人电脑	3.17	3.70	3.63	4.02	3.58
	移动终端	3.04	3.50	3.43	3.59	3.20
总计		3.11	3.61	3.55	3.83	3.42

表 6-15 从不同的性别、年龄、教育程序和使用方式对社交属性的满意度进行了分析。

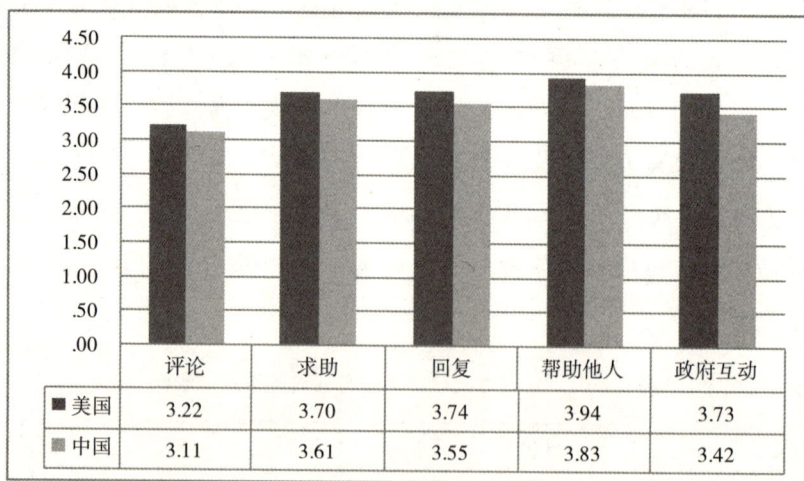

	评论	求助	回复	帮助他人	政府互动
美国	3.22	3.70	3.74	3.94	3.73
中国	3.11	3.61	3.55	3.83	3.42

图 6-7　两市政务微博社交属性公众满意度比较

6.3.3　两国比较

图 6-7 比较了北京市和纽约市公众使用政务微博后得到的满足，也就是满意度比较。其中，中国公众的所有社交属性满意度均低于美国。

第 7 章　结论与启示

7.1　两国媒体属性的比较结论

从议题构建体现的媒体属性、媒体属性的公众态度和行为、媒体属性的公众满意度三个方面进行了纽约市应对飓风桑迪、北京市应对"7·21"暴雨的案例分析，并进行了详细而全面的比较。

针对第五章和第六章的分析结果，将中美地方政务微博的表现从媒体属性、媒体属性的公众态度、媒体属性的公众行为、媒体属性公众满意度四个方面进行了总结，得出了表7-1，显示了中美地方政务微博媒体属性的危机传播比较。

表7-1　中美地方政务微博媒体属性的危机传播比较

国别 影响因素	美国政务微博	中国政务微博
媒体属性	重点构建信息框架新闻	重点构建观点框架新闻
媒体属性的公众态度	信息框架构建的公众正面评价较低 行动和观点框架正面评价较高	信息框架和观点框架的正面评价较少 行动框架的公众正面评价较高

（续表）

国别 影响因素	美国政务微博	中国政务微博
媒体属性的公众行为	行动框架和观点框架公众转发较多 信息框架公众转发较小	行动框架的公众转发较多 信息和观点框架公众转发较少
媒体属性公众满意度	公共服务和谣言控制满足超过期望	意见建议议题满足超过期望
	行动框架的满意度相差不大，中国公众的信息和观点框架满意度都低于美国	

7.1.1 美国重点构建信息、中国重点构建观点框架

从表5－17中可以看出，在危机议题构建中，美国构建信息框架议题的比例为0.43，比中国0.24的比例构建要多；中国构建观点框架的比例为0.36，超过了美国的0.1；但是两者对行动框架的构建比例相似，分别为中国0.4和美国0.47。这说明，对政府在危机中的行动，是两国共同的报道重点；但是信息框架在美国的重视远远超过中国；中国对观点框架构建的重视远远超过美国。

这一结论说明，除了向公众传达政府在危机中的行动力，美国政府更想通过政务微博告知公众各种危机信息，而中国政府更想通过政务微博向公众表达政府观点。而美国政府想传达的危机信息中，以公共服务信息最多；中国政府表达的观点中，对公众情绪的安抚和对公众危机中行为的意见和建议都较多。

7.1.2 重点构建议题效果较差，但其满意度都超过期望

美国政务微博重点构建的是信息框架，但是信息框架公众正面评价比值较低，且公众平均转发量也较少，但是信息框架中公共服务和谣言控制议题的公众满意度调查，是仅有的两个使用满足超过使用期望的指标；中国政务

微博重点构建的是观点框架，但是观点框架公众正面评价比值较低，且公众平均转发量也较少，但是观点框架中的意见建议议题是唯一一个公众使用满足超过使用期望的指标。所以，中美重点构建议题的线上传播效果较差，具体表现在公众评价较低、转发较少；但是在线下认知中，中美重点构建的议题满意度都超过期望。

造成这种现象的原因是政府发布某框架议题较多，较为重视，而公众的满意度才会超过期望值。但是政府重点构建的议题，公众的关注和评价却不一定高，这就存在着政府构建重点和公众关注重点的不同，在危机中，政府想要重点传达的新闻框架，不一定是公众关注的重点。

7.1.3 中美行动框架议题的传播效果都较好

从表7-1中可以看出，中美都较为重视行动框架的构建，同时公众评价正面比值都较多、公众转发也较多。这说明对政府在危机中的行动力，中美公众都很喜欢关注。同时在分析中还发现，中美消防局和警察局政务微博的传播效果都较好，这与非微博行为有很大的关系。这两个机构在日常工作中就具有行动权威，在危机处理中更是走在一线，直接与公众接触，行动力较强，使得公众对他们的工作、精神具有好感，才极少对他们的行为进行批判。公众喜欢做实事的政府，所以，政府在通过政务微博进行危机传播时，要多关注自身的行动力。

危机传播中，政府机构首先要树立机构本身的权威性，完善好本职工作、加强政务公开，使公众了解、信任；其次，要在危机过程中，以专业的视角及时发现谣言、澄清谣言，体现机构的权威性和行动力。

7.2 两国社交属性的比较结论

第五章和第六章从公众参与体现的社交属性、社交属性的公众态度和行为、社交属性的公众满意度三个方面进行了纽约市应对飓风桑迪、北京市应对"7·21"暴雨的案例分析，并进行了详细全面的比较。针对分析结果，将中美地方政务微博的表现从社交属性、社交属性的公众态度、社交属性的公众行为、社交属性公众满意度四个方面进行了比较总结，得出了表7-2，表中显示了中美地方政务微博社交属性的危机传播比较结果。

表7-2　中美地方政务微博社交属性的危机传播比较

国别　　　　影响因素	美国政务微博	中国政务微博
社交属性	公众提问的主要平台是市政府政府获取信息和回复最多的是消防局	公众提问的主要平台是市政府和消防局 获取公众信息最多的是水利局 政府回复最多是警察局
	中国政务微博获取公众信息、公众提问、政府回复的表现远远超过美国	
社交属性的公众态度	政府回复越多，评价越正面	相差不大
社交属性的公众行为	相差不大	政府回复越多，转发越多
社交属性公众满意度	帮助他人和与政府互动满足超过期望	与政府互动满足超过期望最多
	评论功能的使用动机和满意度都最低，中国社交属性满意度指标都低于美国	

7.2.1　中国政务微博社交属性发挥比美国好

目前中国政务微博危机传播社交属性的发挥比美国好。从两国社交属性比较中可以看到，公众参与各指标测度中国普遍高于美国。获取公众信息比例中国为0.22，而美国只有0.02，说明中国政府偏好转发公众的信息；公众提问率，中国也比较高，为0.80，而美国只有0.29，说明中国公众在政务微博上提问和求救较多；政府回复率的比较中，中国政府为0.11，而美国为0.05，中国政府表现出较高的在政务微博上回复公众的表现。

分析中国政务微博社交属性发挥得比较好的原因，除去人口基数考虑，应该有两个：首先，中国公众有极大的参与意识，每条微博转发的平均值是美国的近 10 倍，这表示中国公众对政务微博的关注和使用足够高。其次，政务"微博"载体新浪微博具有相对优势，体现在用户基础强、界面设置比推特更加明了，政务微博有加 v 认证，信息按照时间排序。有研究表明，用户对新浪微博可以参与讨论、可以寻求帮助和可以获取多样形式的信息等方面的满意度都很高（王清华，2013）。

同时应该看到的是，如此高的公众参与度，也为政府的有效管理带来了难度。首先，政府与公众的互动不多。虽然各国政府都强调要在社交媒体上与公众互动，但中国和美国的政府回复率分别只有 0.11 和 0.05。在以后的政务微博危机传播中，还应该加强对公众提问的回复，以提高公众参与效果；此外，过多的公众参与可能带来大面积的舆论失控，除了上段提到的通过议题构建来及时向公众更正、发布消息以控制谣言、安抚情绪等，还应该建立有效的公众参与监控体系，以从公众中获取信息、阻止不真实信息的传播。建立公众参与的即时监控，公众的微博求救、提问可以即时被获取和解决，不实信息等可以即时被澄清，是有效管理我国如此庞大的公众参与度的重要途径。

7.2.2　中国社交属性的公众满意度比美国低

从表 7-2 中首先可以看到，政务微博的社交属性对公众态度和公众行为可能存在正比影响。此外，应该看到中美公众对于政务微博的评论社交属性的使用期望和满意度，在本研究调查的五个社交属性满意度指标中最低。这说明，政务微博的社交属性评论是最基本的，公众还是更为期待比评论更加具有互动性的功能，如帮助、与政府互动等。而政务微博可以很好地满足公众在危机中与政府的社交期望，因为中美政务微博社交属性的使用满足都超过使用期望。

但是也要看到，虽然我国政务微博社交属性发挥得比美国好，但是社交属性的满意度指标全部低于美国。我国公众的从众心态和"群体极化"现象在网络传播下将被放大，在网络危机中，"意见领袖"占据着网络舆论的制高点，网民的从众心理导致盲目跟风，经过热烈讨论的网络舆论往往"群体极化"成极端观点，而且多倾向于对政府不利的一面，这就要求应急管理部门针对网络舆论及时沟通引导。因此，政府掌握社交媒体和公众心理的特点，对于社交媒体危机传播管理至关重要。

7.3　危机中我国政务微博能力提升建议

7.3.1　危机中加强构建公众关注的议题

从本书前几章的研究内容可以看到，对于政府重点构建的议题，公众的转发和评论态度都表现不好。在危机中，政务微博应该加强构建公众关注的议题。

首先，可以利用微博快速广泛的传播特征，进行亲民的信息传播。微博在危机发生后，可以将危机信息不通过传统媒体就直接传达给公众，政府应该积极利用这一特征。在传播内容影响因素中，我们可以看到，只要是与公众相关的议题，如邀请公众、安抚公众、公共信息等，都有很高的转发率。使用微博，不仅可以传播公众关注度高的信息，还可以让这些信息传播得比其他传播媒体更快更广，同时利用微博双向沟通的传播特征，与公众进行对话，从而得到良好的效果。微博提供了政府和公众直接交流的平台，这一平台使得单向传播具有向双向传播转变的条件。然而实现双向传播，还需要政府利用微博的特征开展工作，如在微博上发起公众探讨的话题、及时回复公众问题等。影响因素模型已经论证了互动与情感效果成正比，所以政府进行互动越多，取得的传播效果可能就会更好。

其次，危机具有准备困难、发生迅速、恢复漫长的特点，这些特点给危机管理带来了很多困难。在准备期和恢复期，政务微博上公众转发率较小，这是因为这些阶段公众对危机的关注较少、对政府的危机管理没有过多要求；然而当危机发生时，政务微博上公众往往大量转发，因为危机与自身息息相关。在关注度提高的同时，公众也对政府危机管理产生了大量的疑问，需通过不同危机阶段的不同措施，加强危机的管理，提高政务微博的传播效果。针对这些特点和变化趋势，政府应该在准备期大量宣传，提高公众危机意识；在发生期以安抚为主，减少公众恐慌；在恢复期积极邀请公众参与，提高参与热情。

7.3.2　危机中加强使用政务微博的社交属性

本书结论发现，与常态下我国微博发挥媒体属性时有较多不同，社交属性在危机中更能够影响公众的看法，我国社交媒体发挥的作用虽然很好，但是公众的满意度却很低。

首先，我国政务微博社交属性发挥得好，说明我国公众的参与意识较高，但是这也为政务微博危机传播带来新的挑战。纵观我国历史，群众有着严重的从众心态和群体极化，农民起义在领袖的鼓动下极易发生。这种现象在社交媒体上将被放大，网络时代兴起的"意见领袖"占据着网络舆论的制高点，网民从众心理导致盲目跟风，经过热烈讨论的网络舆论往往"群体极化"成极端观点，而且多倾向于对政府不利的一面。目前青年群体是社交媒体的主要用户，据统计，微博68.2%的用户年龄在30岁以下。以学生为代表的青年群体，其个人事业、学业和情感都处于不确定时期，心理不够成熟，面对人生的挫折，很容易产生迷茫，在社交媒体上被诱导后极易滋生对政府和社会的不满，更容易在危机中形成对政府的负面态度。

其次，在这种情况下，政府在发挥社交属性时，应该加强与公众的互动交流，可以参考美国的做法，设置专员监控互联网特别是社交媒体，及时发现和纠正谣言，并与公众沟通。互联网为危机传播带来的挑战之一就是人人都可以发布信息，导致政府权威降低和谣言的传播。如果在危机后及时监控互联网，就可以发挥社交属性。在2013年波士顿爆炸案的危机传播中，波士顿警察局就设置了由新闻发言人、3名文职人员和2名现场官员组建的6人小组，专门负责每天听取3到5次现场指挥的简报，监控网络上来自公众和媒体的错误信息，及时公布正确信息、纠正错误信息，及时回复公众提问。如危机发生 2 天后 CNN 就报道"疑犯被逮捕",并被多次转发和评论,警察局迅速纠正了这一错误信息,并鼓励公众继续提供线索。

7.3.3 危机中加强网络舆论控制

结论显示,美国重点构建信息议题,我国重点构建观点议题。议题构建的差别与我国国情和社交媒体舆情密不可分。中国网民情绪极易受到影响。因此,政务微博重点进行观点议题构建,对公众情绪和舆论及时进行安抚是非常有必要的。社交媒体舆论的调控是中国政府应急管理中的一大挑战。2013 年 8 月 19 日,习近平在全国宣传思想工作会议上发表重要讲话时也指出,要把网上舆论工作作为宣传思想工作的重中之重来抓。

社交媒体舆论失控是指在危机发生后,发生大量对政府工作的指责,严重影响公众对政府的信任和政府形象。社交媒体舆论失控的类型有三种:一种是政府或者危机责任部门行为不当,公众使用社交媒体发表对政府行为的看法,如在"7·21"暴雨中,交通部门对陷入水中的车辆贴罚单,引发了舆论失控;一种是政府与公众之间信息沟通不当,如在日本大地震后发生的抢盐事件,就是政府没有及时向公众发布有关信息导致的公众恐慌;还有一种是公众散发的谣言引发的,如 2014 年末上海外滩踩踏事件中的撒钱谣言,引发公众对政府治理的不满。发生了社交媒体舆论失控后,政务微博的作用将更加凸显,政务微博代表的是政府的声音,对于及时向公众道歉、发布正确信息以及控制谣言都有重要作用。所以,中国政务微博重视安抚公众的观点议题构建。但是也应该看到,利用政务微博进行谣言控制的议题构建在中国和美国都很少,在实践中可以加强这方面的控制。通过对美国的政策分析可以看到,美国政府采取了大量措施,加强危机中政务社交媒体的舆论控制能力。具体做法如下。

首先,针对政府危机中的网络信息发布和审核等进行规定。危机中,快速正确地发布危情更新、公共服务等信息,将对安抚公众情绪起到重要作用,但是延误发布信息、发布错误信息将起到反作用,容易引发网络舆论失控。目前国际上普遍的做法是制定专门文件,规定危机网络信息发布的审核制度。

美国纽约市政府在 2012 年颁布了《社交媒体应急草案》，其中规定危机中各部门发布的信息必须由市政厅审核，明确了审核人员名单；危机中所有政府社交媒体账号不得发布与危机信息无关的内容；编写信息的语言必须权威而且冷静，信息中不要使用大写字母强调，要使用感叹号。

其次，对互联网特别是社交媒体的危机应对进行经验总结。将网络环境下成功进行的危机传播经验总结成案例，形成可借鉴范本，是政府危机传播创新的又一国际经验。经验总结又可以分为科研机构的学术总结和政府机构的指导文件。科研机构建立危机传播案例库，如哈佛大学商学院案例库就定期增加危机处理的案例，波士顿警察局局长也进入肯尼迪政府学院访学，进行爆炸案的学术总结，对于危机传播的实践和理论都有促进作用；此外，政府机构根据现有经验，组织编写指导文件，如美国国土安全部在各级政府部门抽取应急管理专家，对在社交媒体和网络上的危机传播进行经验总结，发布了《社交媒体战略》等符合时代要求的政府危机传播指导性文件，归纳了网络时代的政府危机传播创新实践。

7.4 社交媒体时代我国应急管理的改革创新

目前全球正处于着从工业化社会向信息化社会转型的关键时期，社交媒体的信息传播打破了金字塔形的传统传播结构，信息传播者从精英主义到了自媒体主义。信息的平等潜移默化地消弭了现实中的等级和阶层，信息技术革命如同当年工业革命一样影响到世界格局。近代中国工业革命落后于西方使得中华民族历经多年磨难，在全球数字化、信息化的今天，我们应该把握住信息技术革命的契机，以网络社会的崛起带动中国梦的实现。如何利用社交媒体进行政府管理是网络社会崛起的一个重要命题。危机传播作为政府在危机情景下的管理措施，利用社交媒体进行危机传播，也使得社交媒体成为我国应急管理改革的必经之路。在与美国的比较中，发现了我国社交媒体危机传播中的问题。本研究将从应急管理对象的增加和社交媒体危机传播的意见建议两方面做出分析。

7.4.1 社交媒体时代危机管理对象的增加

社交媒体给我国社会治理和应急管理带来新的挑战，除了传统媒体时代的自然灾害、事故灾难、公共卫生安全事件、社会安全事件等传统突发事件外，社交媒体时代应急管理对象也增加了新的内容，主要增加了传统危机的社交网络传播、社交网络危机的形成以及社交网络安全危机。

1. 传统危机的社交网络传播

现实生活中的一些危机事件发生后，在网络迅速传播扩散，特别是社交媒体上传播，形成强大的舆论态势，为传统应急管理带来巨大困难，比如"我爸是李刚"事件、"微笑局长"杨达才事件等。随着社交媒体的迅猛发展，极大地改变了信息的生产、传播和接受方式，不同于信息传播层级化的过去，职务越高掌握的信息越多。而危机的社交网络传播，使得信息由资源垄断转为资源共享、从专业渠道走向开放体系和由单向传播迈入多向交互。截至2014年12月，我国网民数达6.49亿，手机网民数达5.57亿，网民中使用手机上网的人群所占比例达到85.8%，而互联网普及率达到47.9%。庞大的网络用户基础使得危机事件发生后，大多数公众通过网络获取危机信息，更为重要的是新兴社交媒体还为"自媒体"的产生提供了可能性，人人都可以在互联网上发布危机消息、评价政府行为。危机的社交网络传播成为传统应急管理的双刃剑：一方面，政府可以利用社交网络传播快速发布信息、与公众沟通，促进应急管理；另一方面，社交网络的危机虚假信息、公众负面舆论都加大了应急管理的难度。因此，国家应急管理体系在社交媒体时代的创新，要求政府应急管理部门及时创新危机应对策略、扩大危机管理范围，有效地面对危机的社交网络传播。

2. 社交网络突发危机

在社交媒体上，如果某一事件引发网民强烈关注和激烈讨论，就会使这一事件的知名度迅速提升，一旦在社交网络上形成舆论压力，就会影响公众线下行为，甚至对社会稳定造成威胁，从而影响政府决策。比如，网民号召引发家乐福抵制事件、日本核辐射网络报道引发"抢盐"风波、郭美美炫富微博引发红十字会信任危机事件等。因此，社交舆论的监控十分重要。网络时代，手机和微博、微信等构成了的强大社交网络媒体阵容，应该成为危机管理的监控重点。因此，国家应急管理体系在社交媒体时代的创新，要求政府应急管理部门，依法加强网络管理，整治网上有害信息、网络谣言，把握社交网络舆论引导的时效度，加大力量投入，组建网络信息队伍增加与公众的沟通，对公众负面情绪进行疏导。只有这样才能预防社交网络突发危机、在社交媒体时代维护社会稳定。

3. 社交网络安全危机

当网络受到攻击、网络信息外泄、网络诈骗犯罪等公共安全事件出现，不仅将危及公民个人利益，国家安全也将受到威胁。社交网络安全危机主要包括在社交媒体上出现的网络攻击行为、网络信息安全和网络不法行为。网络攻击行为主要是指境外木马或僵尸程序控制境内服务器和其他攻击网络基础设施的危机；网络信息安全主要是指通过社交媒体个人隐私外泄、公民隐私被侵犯的危机；网络不法行为主要指利用社交媒体进行的网络诈骗、盗窃等犯罪行为。目前我国个人互联网使用的安全状况不容乐观，据统计2014年我国有46.3%到网民遇的过网络安全问题。李克强总理在2015年政府工作报告中指出："发展和规范网络空间，确保国家安全和公共安全"。因此，社交媒体时代，政府要重视社交网络安全问题引发的危机管理。

7.4.2 社交媒体时代政府危机管理的意见建议

社交媒体时代，我国政府如何提高利用社交媒体进行危机传播的能力，应该在以下"四个充分"上下功夫。

一要在充分结合我国国情上下功夫。在结合目前拥有的"一案三制"应急管理体系的基础上，针对社交网络危机，进行深化完善。一方面，政府要从社交网络危机预警和应急处理层面上下功夫，建设国家网络空间战略预警平台；另一方面，强化社交网络危机的体制、机制和法制建设。早在2000年，我国就制定了《全国人民代表大会常务委员会关于维护互联网安全的决定》等一系列法规。中央网络信息小组成立会议通过的《中央网络安全和信息化领导小组 2014 年重点工作》等。2015 年 4 月 20 日，国家安全法草案提请了全国人大常委会会议二次审议，根据维护国家安全的需要，增加了一些重要领域的安全任务。在文化安全中，增加了"加强社会主义核心价值观教育和宣传""防范和抵御不良文化的渗透"的规定，在网络与信息安全中，增加了国家"建设国家网络与信息安全保障体系，提升网络与信息安全保护能力"，"维护国家网络空间主权"的规定。要对现有的法律法规不断完善，增加与互联网快速发展相适应的内容，堵住法律的漏洞，应对互联网时代的挑战。与此同时要在综合现有应急管理体系的基础上，结合新常态下我国社交媒体危机传播的新情况、新特点，制定专门的社交媒体危机传播的法律法规。

二要在充分构建基层应急机制上下功夫。建立专门的社交媒体危机管理机构，职能应包括：危机预警、危机状态跟踪、危机应急处理、危机影响评估、危机新闻发言。制定完善的基层政府网络危机管理制度和处理机制，其中最重要的是构建网络信息公开机制。在社交媒体危机处理中，政府要利用社交媒体官方账号权威性，构建社交媒体危机传播信息公布机制，达到快速传播正确危机信息和有效引导网络舆论的作用。要做到主动公布、及时公布和全面公布，社交媒体危机传播的应对关键是政府要坦诚快速公开信息，还原事件真相。因此，危机发生后，政府失语、回避只能招致公众更强烈的质疑和不信任，要主动公布相关信息；要抢占先机在网络负面舆论形成前，在第一时间发布权威消息；发布全部信息的前提是信息准确真实。用真实消息制止传言和质疑。

三要在充分把握我国公众心理上下功夫。真正实现社交媒体危机传播管理，必须充分把握我国公众的心理。危机管理理念更新和领导能力应该有所提高，改变以删帖为主的社交媒体危机传播管理理念，提高基层官员的社交媒体危机传播引导能力。培养基层干部尊重网络民意的意识和深刻挖掘社交媒体危机传播的发生、发展规律，洞察网民的心理特征，才能有针对性地进行社交媒体危机传播的引导。同时要调动成千上万的网民的积极性。一是增强人民群众的社交网络安全意识。通过公益广告、微电影、小品相声等一系列人民群众喜闻乐见的形式加大网络安全知识的宣传力度，帮助人民群众提高社交网络安全意识；引导人们养成及时修复安全漏洞；在银行、网络终端时时提醒人们谨慎进行电子交易、网上支付等涉及经济利益的操作；帮助人民群众获取社交网络安全知识和技能，注意保护好个人数据资料。只有人民群众的网络安全了，才有国家的社交网络安全。二是唤醒人民群众互联网法治意识。引导人们依法上网自觉自愿地抵制不良信息。三是引导人民群众形成正确的互联网思维，以保证在危机发生的时候，能够与党和政府保持一致，共同应对危机。

四要充分提高 90 后的网络素质。生于 20 世纪 90 年代的青少年们，长于改革开放时期，其思维敏捷，推崇时尚，接受新事物快，综合素质与能力有了一定的提升。面对社交媒体时代网络意识形态斗争的长期性和艰巨性，要进一步提升 90 后青少年综合素质，赢得未来意识形态斗争的主动权。一是要提升 90 后青少年思想政治素质：结合社交媒体时代的实际，深入了解青少年，积极进行理想信念教育；开辟第二课堂，采取青少年喜闻乐见的形式，潜移默化地开展道德教育；改变传统的单向授课模式，创新学校思想政治理论课教学理念、内容和方法。二是要培养 90 后青少年健康的身心素质：引导作为独生子女的青少年学会与人相处，构建和谐的人际关系；帮助青少年正确认识自我，把个人的梦想与国家的梦想结合起来；鼓励青少年多参加体育锻炼，提高身体素质。再次要提升 90 后青少年专业素质：运用各种新媒体的教育管理手段激发学生科技创新动力，研发出更多具有自主知识产权的互联网高科技产品，摆脱对西方国家的依赖；针对 90 后青少年的特点，改进教育教学内容与方法，培养青少年自主学习能力，提高明辨是非的能力。三是要强化 90 后青少年综合素质：积极开展各种活动，在活动中培养青少年的健康的竞争与协作意识；建立健全青少年社团组织平台，把青少年聚集到党的旗帜之下，培养青少年的正确的价值取向和社会活动能力，以应对西方的意识形态渗透，防止被西方敌对势力利用。

附　　录

附录1　纽约市政务微博危机传播内容分析编码表

编码员	□X　□Y		
1 管理机构	□1 市政厅 □2 市长办公室 □3 应急管理办公室 □4 消防局 □5 警察局		
2 传播时间	2012 年_____月_____日		
3 传播阶段	□1. 最后准备 □2. 危机发生 □3. 快速恢复		
4 媒体属性	信息框架	1 危情更新□1 是□0 不是	
		2 公共信息□1 是□0 不是	
		3 疏散命令□1 是□0 不是	
		4 谣言澄清□1 是□0 不是	
	行动框架	5 领导能力□1 是□0 不是	
		6 事故处理□1 是□0 不是	
		7 减灾措施□1 是□0 不是	
		8 部门合作□1 是□0 不是	
		9 邀请公众□1 是□0 不是	
	观点框架	10 安抚公众□1 是□0 不是	
		11 意见建议□1 是□0 不是	
		12 不确定性□1 是□0 不是	
	其他	13 其他□1 是□0 不是	
5 社交属性	获取公众信息□1 转发公众□0 自创		
	公众提问□1 有提问□0 没有提问		
	政府回复□1 有回复□0 没有回复		
6 公众使用行为	转发数量：_____		
	正面评论数量：_____		
	负面评论数量：_____		

附录 2　北京市政务微博危机传播内容分析编码表

编码员	□X　□Y		
1 管理机构	□1 市政府新闻办 □2 北京市水利局 □3 北京市公安局 □4 北京市消防局		
2 传播时间	2012 年_____月_____日		
3 传播阶段	□1. 最后准备 □2. 危机发生 □3. 快速恢复		
4 媒体属性	信息框架	1 危情更新□1 是□0 不是	
		2 公共信息□1 是□0 不是	
		3 疏散命令□1 是□0 不是	
		4 谣言澄清□1 是□0 不是	
	行动框架	5 领导能力□1 是□0 不是	
		6 事故处理□1 是□0 不是	
		7 减灾措施□1 是□0 不是	
		8 部门合作□1 是□0 不是	
		9 邀请公众□1 是□0 不是	
	观点框架	10 安抚公众□1 是□0 不是	
		11 意见建议□1 是□0 不是	
		12 不确定性□1 是□0 不是	
	其他	13 其他□1 是□0 不是	
5 社交属性	获取公众信息□1 转发公众□0 自创		
	公众提问□1 有提问□0 没有提问		
	政府回复□1 有回复□0 没有回复		
6 公众使用行为	转发数量：_____		
	正面评论数量：_____		
	负面评论数量：_____		

附录3 纽约市政务微博危机传播公众满意度调查问卷

Public Satisfaction of NYC Governments' Social Media Usage in Hurricane Sandy

Dear Twitter user,

I am a Ph. D. student from University of Science and Technology of China and now doing a research about "Public Evaluation of NYC Governments' Social Media Usage in Hurricane Sandy", which is part of my doctoral dissertation. And I noticed that you used to re-tweet or comment on NYC Governments' twitter account during Hurricane Sandy. Could you take some time to do a questionnaire online? It will only take you about 5 mins. The results will be anonymity and only used in academic research. Thanks so much for your time.

1 your gender：□male □female

2 your age：□0～18 □18～22 □23～28 □28～38 □38～

3 your education background：

□primary school or high school   □vocational education   □graduate □undergraduate

4 The way you use social media：□PC □APP

5. During Hurricane Sandy, what kind of information you want to find on government official social media account? （1-5 not want-want）

	1	2	3	4	5
1 Situation Updates：Providing factual information about what was happening in the effected area. Like damage, changing storm condition, weather updates and safety information. Such information improves situational awareness in disaster response.					
2 Public services information：Information like closure/ re-opening of transportation, public school, access routes, scheduled events, power, phone, internet or cable services information.					
3 Orders：Evacuation order and shelter information					
4 Rumor clarification：Clarify unreal information and rumor on social media or from other source about crisis					

（续表）

	1	2	3	4	5
5 Leadership: Discusses an organization's major achievement/milestone in response to a crisis					
6 Incident response: Specific incidents or response efforts during the hurricane					
7 Relief Actions: Relief related actions, including preparation, clearing of hurricane debris, donation, mourning activities, logistic and proposing relief actions to the general public					
8 Coordination: Emphasizes coordination among organizations responding					
9 Engagement invitation: Invitation to public of engagement in the disaster relief and information collection					
10 Reassurance: Messages instructing publics to not worry about the crisis by emphasizing readiness and/or successes of the organizations combating the crisis					
11 Suggestion: Providing suggestions to the public activities like suggest public when to call 9·11 or 311 and to evacuate					
12 Uncertainty: Discusses uncertainty in any aspect of the crisis including the cause, the cure, and the possible spread					

6. During Hurricane Sandy, which kind of information on government official social media account satisfy your need? (1-5 dissatisfy to satisfy.)

	1	2	3	4	5
1 Situation Updates: Providing factual information about what was happening in the effected area. Like damage, changing storm condition, weather updates and safety information. Such information improves situational awareness in disaster response.					
2 Public services information: Information like closure/ re-opening of transportation, public school, access routes, scheduled events, power, phone, internet or cable services information.					
3 Orders: Evacuation order and shelter information					

	1	2	3	4	5
4 Rumor clarification：Clarify unreal information and rumor on social media or from other source about crisis					
5 Leadership：Discusses an organization's major achievement/milestone in response to a crisis					
6 Incident response：Specific incidents or response efforts during the hurricane					
7 Relief Actions：Relief related actions, including preparation, clearing of hurricane debris, donation, mourning activities, logistic and proposing relief actions to the general public					
8 Coordination：Emphasizes coordination among organizations responding					
9 Engagement invitation：Invitation to public of engagement in the disaster relief and information collection					
10 Reassurance：Messages instructing publics to not worry about the crisis by emphasizing readiness and/or successes of the organizations combating the crisis					
11 Suggestion：Providing suggestions to the public activities like suggest public when to call 9·11 or 311 and to evacuate					
12 Uncertainty：Discusses uncertainty in any aspect of the crisis including the cause, the cure, and the possible spread					

7. During Hurricane Sandy, you want to participate in government official social media account because？（1-5 not want-want）

	1	2	3	4	5
1 Judge government behave					
2 Ask for help					
3 Get reply form government					
4 Help others					
5 Interact with government more than other media.					

8. During Hurricane Sandy, which kind of participation on government social media account satisfy you? 1-5 dissatisfy to satisfy.

	1	2	3	4	5
1 Judge government behave					
2 Ask for help					
3 Get reply form government					
4 Help others					
5 Interact with government more than other media.					

附录4　北京市政务微博危机传播公众满意度调查问卷

尊敬的新浪微博用户：

您好！

我是中国科学技术大学的一名博士生，正在进行一项"北京市政务微博应对7·21暴雨的公众满意度调查"，该研究是我博士论文的一部分。我注意到您曾经在2012年北京市7·21暴雨事件中使用过北京市某机构的政务微博，所以想请您对北京市政务微博的危机传播进行评估。您能够抽空填写下本问卷，只需要花费您大约5分钟。调查结果将是匿名的，并且保证只用于学术研究。

谢谢您宝贵的时间！

1. 您的性别：□男□女

2. 您的年龄：□0～18 □18～22□23～28□28～38□38以上

3. 您的教育背景：□高中、中专及以下□大专□本科□研究生

4. 您使用政务微博的终端是：□个人电脑 □移动终端

5. 在危机中．你使用政务微博浏览信息是想获得以下哪类信息：按照符合度从1-5 不符合-符合？

	1	2	3	4	5
1 提供了有关受影响地区的真实情况，如天气、安全					
2 提供了公共交通、学校、电力等公共服务措施的关闭和开放的信息					
3 提供了人员疏散命令、避难所信息等					
4 提供了澄清有关危机的不实信息和谣言等					
5 提供了解政府的重大成就、领导举措、领导人动态等					
6 提供了解政府特殊事故的处理和应对努力					
7 提供了解政府减灾相关的行动，如准备悼念、物流或者减灾许诺等					
8 提供了解政府危机应对部门之间的协同工作					
9 提供了了解到政府邀请公众参与减灾、收集危机信息					
10 提供了通知公众不需要担心的信息					
11 提供了公众的行动建议，如什么时候需要拨打报警电话					
12 提供了危机任何方面的不确定讨论，如原因、波及范围、结果等					

6. 在危机中，你使用政务微博后对获取哪项信息感到满意？按照满意度从 1–5 不满意–满意打分

	1	2	3	4	5
1 提供了有关受影响地区的真实情况，如天气、安全					
2 提供了公共交通、学校、电力等公共服务措施的关闭和开放的信息					
3 提供了人员疏散命令、避难所信息等					
4 提供了澄清有关危机的不实信息和谣言等					
5 提供了解政府的重大成就、领导举措、领导人动态等					
6 提供了解政府特殊事故的处理和应对努力					
7 提供了解政府减灾相关的行动，如准备悼念、物流或者减灾许诺等					
8 提供了解政府危机应对部门之间的协同工作					
9 提供了了解到政府邀请公众参与减灾、收集危机信息					
10 提供了通知公众不需要担心的信息					
11 提供了公众的行动建议，如什么时候需要拨打报警电话					
12 提供了危机任何方面的不确定讨论，如原因、波及范围、结果等					

7. 在危机中，你参与政务微博（如转发、留言）是因为，按照符合度从 1–5 不符合–符合打分

	1	2	3	4	5
1 发布的信息可能会被政府获取					
2 在政务微博上寻求帮助能得到解决					
3 在政务微博上的提问可以得到政府及时回复					
4 可以在政务微博上帮助他人					
5 可以比其他媒介更好地和政府互动					

8. 在危机中，你使用政府微博后对哪些参与感到满意？按照 1–5 不满意–满意打分

	1	2	3	4	5
1 发布的信息可能会被政府获取					
2 在政务微博上寻求帮助能得到解决					
3 在政务微博上的提问可以得到政府及时回复					
4 可以在政务微博上帮助他人					
5 可以比其他媒介更好的和政府互动					

参考文献

［1］Amanda E. Cancel, Glen T. Cameron, Lynne M. Sallot, et al. It Depends: A Contingency Theory of Accommodation in Public Relations ［J］. Journal of Public Relations Research, 1997, 9 (1): 31 - 63.

［2］Arnstein S R. A ladder of citizen participation ［J］. Journal of the American Institute of planners, 1969, 35 (4): 216 - 224.

［3］Austin Lucinda, Brooke Fisher Liu, Yan Jin. How Audiences Seek Out Crisis Information: Exploring the Social-Mediated Crisis Communication Model ［J］. Journal of Applied Communication Research, 2012, 40 (2): 188 - 207.

［4］Beazley M. Public participation in urban mega-project planning: a case study of Pacific Place Vancouver, BC ［D］. University of British Columbia, 1994.

［5］Benoit W L, Stephenson M T. Effects of watching a presidential primary debate ［J］. Contemporary Argumentation & Debate, 2004.

［6］Bernoff J, Li C. Harnessing the power of the oh-so-social web ［J］. MIT Sloan management review, 2008, 49 (3): 36.

［7］Bertot J C, Jaeger P T, Grimes J M. Using ICTs to create a culture of transparency: E-government and social media as openness and anti-corruption tools for societies ［J］. Government Information Quarterly, 2010, 27 (3): 264 - 271.

［8］Bertot J C, Jaeger P T, Hansen D. The impact of polices on government social media usage: Issues, challenges, and recommendations ［J］. Government Information Quarterly, 2012, 29 (1): 30 - 40.

［9］ Bortree D S, Seltzer T. Dialogic strategies and outcomes: An analysis of environmental advocacy groups' Facebook profiles ［J］. Public Relations Review, 2009, 35 (3): 317 – 319.

［10］ Capriotti P, Moreno A. Corporate citizenship and public relations: The importance and interactivity of social responsibility issues on corporate websites ［J］. Public relations review, 2007, 33 (1): 84 – 91.

［11］ Cho S H, Gower K K. Framing effect on the public's response to crisis: Human interest frame and crisis type influencing responsibility and blame ［J］. Public Relations Review, 2006, 32 (4): 420 – 422.

［12］ Cooley, S. , & Jones, A. (2013) . A forgotten tweet: Somalia and social media. Ecquid Novi-African Journalism Studies, 34 (1), 68 – 82. doi: Doi 10. 1080/02560054. 2013. 767425

［13］ Coombs W T, Holladay S J. Helping Crisis Managers Protect Reputational Assets: Initial Tests of the Situational Crisis Communication Theory. ［J］. Management Communication Quarterly: An International Journal, 2002, 16 (2): 165 – 186.

［14］ Coombs W T. Teaching the crisis management/communication course ［J］. Public Relations Review, 2001, 27 (1): 89 – 101.

［15］ Cooper S M, Owen D L. Corporate social reporting and stakeholder accountability: The missing link ［J］. Accounting, Organizations and Society, 2007, 32 (7): 649 – 667.

［16］ Davis E F, Alves A A, Sklansky D A. Social media and police leadership: Lessons from Boston ［J］. 2014.

［17］ De Vries L J. Securing the public interest in electricity generation markets. Themyths of the invisible hand and the copper plate ［J］. 2004.

［18］ Denef, S. , Bayerl, P. S. , & Kaptein, N. A. (2013) . Social media and the police: tweeting practices of british police forces during the August 2011 riots. Paper presented at the Proceedings of the SIGCHI Conference on Human Factors in Computing Systems.

［19］DHS. National Incident Management System. ［EB/OL］. ［2014 - 09 -
19］http：//www. fema. gov/national-incident-management-system.

［20］DHS. Next Steps：Social Media for Emergency Response ［EB/OL］.
［2014 - 09 - 20］http：//www. ghinternational. com/docs/DHS_ VSMWG_ Next
_ Steps_ Social_ Media_ Strategy_ Formatted_ May_ 2013_ FINAL. pdf.

［21］DHS. Social Media Strategy. ［EB/OL］. ［2013 - 12 - 16］. http：//
www. ghinternational. com/docs/DHS_ VSMWG _ Social _ Media _ Strategy _
Formatted_ May_ 2013_ FINAL. pdf .

［22］Edward F. Davis III, Alejandro A. Alves and David Alan Sklansky. Social
Media and Police Leadership：Lessons From Boston ［J］. New Perspectives in Poli-
cing.

［23］Edy J A, Meirick P C. Wanted, dead or alive：Media frames, frame
adoption, and support for the war in Afghanistan ［J］. Journal of Communication,
2007, 57（1）：119 - 141.

［24］Engadget 中国版. 新浪微博注册用户总数达 5.03 亿，2012 年全年
增长73%. ［EB/OL］. ［2013 - 12 - 16］. http：//cn. engadget. com/2013/02/
21/sina-q42012-earnings/

［25］Entman R M. Cascading activation：Contesting the White House's frame
after 9/11 ［J］. Political Communication, 2003, 20（4）：415 - 432.

［26］Entman R M. Framing：Toward clarification of a fractured paradigm
［J］. Journal of communication, 1993, 43（4）：51 - 58.

［27］Fiorino D J. The new environmental regulation ［M］. Mit Press, 2006.

［28］Funkhouser G R. Trends in Media Coverage of the Issues of the' 60s
［J］. Journalism Quarterly, 1973, 50（3）：533 - 538.

［29］Glenny L. Perspectives of communication in the Australian public sector
［J］. Journal of communication management, 2008, 12（2）：152 - 168.

［30］Goffman E. Frame analysis：An essay on the organization of experience

［M］. Harvard University Press, 1974.

［31］ González-Herrero Alfonso, Smith Suzanne. Crisis Communications Management on the Web: How Internet – Based Technologies are Changing the Way Public Relations Professionals Handle Business Crises ［J］. Journal of Contingencies and Crisis Management, 2008, 16 (3): 143 – 153.

［32］ Griswold, A. (2013). Digital detectives and virtual volunteers: Integrating emergent online communities into disaster response operations. J Bus Contin Emer Plan, 7 (1), 13 – 25.

［33］ Grunig J E, Hunt T. Managing public relations ［M］. Holt, Rinehart and Winston, 1984.

［34］ Hagar C, Haythornthwaite C. Crisis, farming & community ［J］. The Journal of Community Informatics, 2005, 1 (3).

［35］ Hart P, Rosenthal U, Kouzmin A. Coping With Crises: The Management of Disasters, Riots and Terrorism ［J］. Administrative Science Quarterly, 1989, 36 (3).

［36］ Higgins J W, Naylor P J, Berry T, et al. The health buck stops where? Thematic framing of health discourse to understand the context for CVD prevention ［J］. Journal of health communication, 2006, 11 (3): 343 – 358.

［37］ Hughes A L, Palen L, Sutton J, et al. Site-seeing in disaster: An examination of on-line social convergence ［C］//Proceedings of the 5th International ISCRAM Conference. Washington, DC, 2008.

［38］ Hughes A L, Palen L. Twitter adoption and use in mass convergence and emergency events ［J］. International Journal of Emergency Management, 2009, 6 (3 – 4): 248 – 260.

［39］ Hughes A L, St. Denis L A A, Palen L, et al. Online public communications by police & fire services during the 2012 Hurricane Sandy ［C］// ACM Conference on Human Factors in Computing Systems. ACM, 2014: 1505 – 1514.

［40］ Hughes A L, St. Denis L A A, Palen L, et al. Online public communications by police & fire services during the 2012 Hurricane Sandy [C] // ACM Conference on Human Factors in Computing Systems. ACM, 2014: 1505 - 1514.

[41] Hughes, A. L., Denis, L. A. S., Palen, L., & Anderson, K. M. (2014). Online Public Communications by Police & Fire Services during the 2012 Hurricane Sandy.

[42] Iyengar S. Is Anyone Responsible? How News Media Frame Political Issues [J]. 1991.

[43] Jackson J E, Mach B W, Markowski R. Electoral Success Among Post-Communist Parties [J]. 2008.

[44] Jaeger P T, Langa L A, McClure C R, et al. The 2004 and 2005 Gulf Coast hurricanes: Evolving roles and lessons learned for public libraries in disaster preparedness and community services [J]. Public Library Quarterly, 2007, 25 (3 -4): 199 -214.

[45] Karan Davis, Fisher K, DeJohn S, et al. Herb Gardening for Dummies [M]. John Wiley & Sons, 2010.

[46] Kavanaugh, A. L., Fox, E. A., Sheetz, S. D., Yang, S., Li, L. T., Shoemaker, D. J., ... Xie, L. X. (2012). Social media use by government: From the routine to the critical. Government Information Quarterly, 29 (4), 480 -491.

[47] Kim, S., & Liu, B. F. (2012). Are All Crises Opportunities? A Comparison of How Corporate and Government Organizations Responded to the 2009 Flu Pandemic. Journal of Public Relations Research, 24 (1), 69 -85. doi: Doi 10. 1080/1062726x. 2012. 626136.

[48] Kruahongs W. Community participation in tsunami disaster response and recovery in Thailand [D]. University of Manitoba Canada, 2008.

[49] Kwak H, Lee C, Park H, et al. What is Twitter, a Social Network or a News Media? [J]. Www ' 10 Proceedings of International Conference on World

Wide Web, 2010: 591 - 600.

[50] Latonero, M., & Shklovski, I. (2011). Emergency management, Twitter, and social media evangelism. International Journal of Information Systems for Crisis Response and Management (IJISCRAM), 3 (4), 1 - 16.

[51] Laurian L, Shaw M M. Evaluation of public participation: the practices of certified planners [J]. Journal of Planning Education and Research, 2008.

[52] Liu B F, Kim S. How organizations framed the 2009 H1N1 pandemic via social and traditional media: Implications for U. S. health communicators [J]. Fuel & Energy Abstracts, 2011, 37 (3): 233 - 244.

[53] Liu, B. F. and S. Kim (2011). " How organizations framed the 2009 H1N1 pandemic via social and traditional media: Implications for US health communicators. " Public Relations Review 37 (3): 233 - 244.

[54] Liu, B. F., & Kim, S. (2011). How organizations framed the 2009 H1N1 pandemic via social and traditional media: Implications for US health communicators. Public Relations Review, 37 (3), 233 - 244.

[55] Luther C A, Zhou X. Within the boundaries of politics: News framing of SARS in China and the United States [J]. Journalism & Mass Communication Quarterly, 2005, 82 (4): 857 - 872.

[56] Marken A. Social Media The Hunted Can Become the Hunter [J]. Public Relations Quarterly, 2007.

[57] Massey K B. Analyzing the uses and gratifications concept of audience activity with a qualitative approach: Media encounters during the 1989 Loma Prieta earthquake disaster [J]. Journal of Broadcasting & Electronic Media, 2009, 39 (3): 328 - 349.

[58] McDaniels T L, Gregory R S, Fields D. Democratizing risk management: Successful public involvement in local water management decisions [J]. Risk analysis, 1999, 19 (3): 497 - 510.

[59] Mergel I. Social media adoption and resulting tactics in the U. S. federal

government [J]. Government Information Quarterly, 2013, 30 (2): 123 – 130.

[60] Morsing M, Schultz M. Corporate social responsibility communication: stakeholder information, response and involvement strategies [J]. Business Ethics: A European Review, 2006, 15 (4): 323 – 338.

[61] Murphree V, Reber B H, Blevens F. Superhero, instructor, optimist: FEMA and the frames of disaster in Hurricanes Katrina and Rita [J]. Journal of Public Relations Research, 2009, 21 (3): 273 – 294.

[62] Neuman E. Inequalities involving modified Bessel functions of the first kind [J]. Journal of Mathematical Analysis & Applications, 1992, 171 (2): 532 – 536.

[63] Oliveira G H M, Welch E W. Social media use in local government: Linkage of technology, task, and organizational context [J]. Government Information Quarterly, 2013, 30 (4): 397 – 405.

[64] O'Reilly T. What is Web 2.0: Design Patterns and Business Models for the Next Generation of Software [J]. Social Science Electronic Publishing, 2007, 97 (7): 253 – 259.

[65] Palen L, Hiltz S R, Liu S B. Online forums supporting grassroots participation in emergency preparedness and response [J]. Communications of the ACM, 2007, 50 (3): 54 – 58.

[66] Pan Z, Kosicki G M. Framing analysis: An approach to news discourse [J]. Political communication, 1993, 10 (1): 55 – 75.

[67] Paquette, S. (2011). Emergency knowledge management and social mediatechnologies: A case study of the 2010 Haitian earthquake. International Journal of Information Management, 31 (1), 6 – 13.

[68] Paris C M, Lee W, Seery P. The role of social media in promoting special events: acceptance of Facebook "events" [J]. Information and Communication Technologies in Tourism 2010, 2010: 531 – 541.

[69] Procter, R., Crump, J., Karstedt, S., Voss, A., & Cantijoch, M. (2013). Reading the riots: what were the police doing on Twitter? Policing &

Society, 23 (4), 413 - 436.

[70] Qu Y, Huang C, Zhang P, et al. Microblogging after a major disaster in China: a case study of the 2010 Yushu earthquake [C] //Proceedings of the ACM 2011 conference on Computer supported cooperative work. ACM, 2011: 25 - 34.

[71] Rayburn J D, Palmgreen P. Merging uses and gratifications and expectancy-value theory. [J] . Communication Research, 1984, 11 (4): 537 - 562.

[72] Reese S D, Danielian L H. Communication Campaigns About Drugs: Government, Media and the Public [J] . 1989.

[73] Rowe G, Frewer L J. Global ecology and the shadow of development [J] . Global ecology: a new arena of political conflict. London: Zed Books, 1995: 3 - 21.

[74] Rowe G, Frewer L J. Public participation methods: A framework for evaluation [J] . Science, technology & human values, 2000, 25 (1): 3 - 29.

[75] Ruhl J B. The (political) science of watershed management in the ecosystem age [J] . JAWRA Journal of the American Water Resources Association, 1999, 35 (3): 519 - 526.

[76] Seltzer T, Mitrook M A. The dialogic potential of weblogs in relationship building [J] . Public Relations Review, 2007, 33 (2): 227 - 229.

[77] Semetko H A, Valkenburg P M. Framing European politics: A content analysis of press and television news [J] . Journal of communication, 2000, 50 (2): 93 - 109.

[78] Shih T J, Wijaya R, Brossard D. Media coverage of public health epidemics: Linking framing and issue attention cycle toward an integrated theory of print news coverage of epidemics [J] . Mass Communication & Society, 2008, 11 (2): 141 - 160.

[79] Solis B, Breakenridge D. Putting the public back in public relations: How social media is reinventing the aging business of PR [M] . FT Press, 2009.

[80] Solitare L G. Public Participation in Brownfield Redevelopments Located

in Residential Neighborhoods［M］. ProQuest Company, 2001.

［81］Sutton J N, Palen L, Shklovski I. Backchannels on the front lines: Emergency uses of social media in the 2007 Southern California Wildfires［M］. University of Colorado, 2008.

［82］Tankard J W. Media frames: Approaches to conceptualization and measurement［M］. 1991.

［83］Tankard J W. The empirical approach to the study of media framing ［J］. Framing public life: Perspectives on media and our understanding of the social world, 2001: 95 – 106.

［84］Tepper D. Communication Challenges ［J］. Pt Magazine of Physical Therapy, 2003.

［85］Umphrey L R. The effects of message framing and message processing on testicular self-examination attitudes and perceived susceptibility ［J］. Communication Research Reports, 2003, 20（2）: 97 – 105.

［86］Walter L. Public opinion ［J］. New York, 1922.

［87］Waters R D, Burnett E, Lamm A, et al. Engaging stakeholders through social networking: How nonprofit organizations are using Facebook ［J］. Public relations review, 2009, 35（2）: 102 – 106.

［88］Waters R D, Williams J M. Squawking, tweeting, cooing, and hooting: Analyzing the communication patterns of government agencies on Twitter ［J］. Journal of Public Affairs, 2011, 11（4）: 353 – 363.

［89］Waters R D, Williams J M. Squawking, tweeting, cooing, and hooting: analyzing the communication patterns of government agencies on Twitter ［J］. Journal of Public Affairs, 2011, 11（4）: 353 – 363.

［90］Webler T. "Right" discourse in citizen participation: an evaluative yardstick ［J］. Fairness and competence in citizen participation, 1995: 35 – 77.

［91］ZHENG. Potential boon from the shoppable side of social media ［J］. China Textile, 2015（10）: 40 – 41.

［92］Zoch L M, Molleda J C. Building a theoretical model of media relations using framing, information subsidies, and agenda-building ［J］. Public relations theory II, 2006: 279 - 309.

［93］Zuckerman E. Web 2.0 tools for development: simple tools for smart people ［J］. participatorylearningandaction, 2009: 87.

［94］百度百科. 国情 ［EB/OL］. ［2014 - 10 - 17］. http://baike. baidu. com/item/国情.

［95］百度百科. 新浪微博 ［EB/OL］. ［2014 - 10 - 17］. http://baike. baidu. com/item/新浪微博.

［96］蔡冠华, 黎伟. 美国应急预案体系研究及对我国的标准化建议 ［J］. 质量与标准化, 2013 (7): 42 - 45.

［97］陈昌凤, 仇筠茜. 微博传播: "弱关系"与群体智慧的力量 ［J］. 新闻爱好者, 2013, (3): 18 - 20.

［98］陈敏利. 媒介艾滋病议题建构的实证研究 ［D］. 武汉大学, 2012.

［99］郭镇之. 关于大众传播的议程设置功能 ［J］. 国际新闻界, 1997, (3): 18 - 25.

［100］国务院应急管理办公室 ［EB/OL］. ［2015 - 04 - 02］. http://www. gov. cn/yjgl/index. html.

［101］和讯科技网. 阿里巴巴集团投资新浪微博形成三大巨头拉锯战. ［EB/OL］. ［2013 - 12 - 16］. http://tech. hexun. com/2013 - 05 - 04/153774182. html.

［102］侯迎忠, 赵梦琪. 突发事件中政府新闻发布效果评估的多维理论视角 ［J］. 现代传播: 中国传媒大学学报, 2013, 34 (12): 56 - 60.

［103］侯迎忠, 赵梦琪. 突发事件中政府新闻发布效果评估的多维理论视角 ［J］. 现代传播: 中国传媒大学学报, 2012, 34 (12): 56 - 60.

［104］蒋菁菁. 政务微博的危机传播研究 ［D］. 广西大学, 2014.

［105］孔大为. 突发事件中的微博传播机制研究 ［D］. 中央民族大学, 2013.

［106］李国平，谭玉刚．试论城市管理中的公众参与及公众满意——基于某城市新区的问卷调查分析［J］．中国城市经济，2008（8）：28－33．

［107］卢一郡，贾红轩．美国国家突发事件管理系统简介［J］．中国急救复苏与灾害医学杂志，2007（6）：367－369．

［108］吕峰．关于美国自然灾害减灾战略及其目标的考察［J］．浙江水利科技，2003（3）：53－54．

［109］吕峰．关于美国自然灾害减灾战略及其目标的考察［J］．浙江水利科技，2003（3）：53－54．

［110］梅建明．美国应对恐怖威胁的危机管理体制［J］．现代警察，2014（5）．

［111］南都网．美国政府如何运用社交媒体［EB/OL］．［2013－12－16］．http：//ndnews.oeeee.com/html/201309/16/260805.html，2014－12－09．

［112］乔羽佳．微博动员与集体与集体行动研究［D］．浙江大学，2012．

［113］秦磊．农村教师培训实效性评价体系研究［D］．东北师范大学，2012．

［114］人民网．《2016年人民日报·政务指数微博影响力报告》发布．［EB/OL］．［2017－1－20］http：//yuqing.people.com.cn/n1/2017/0119/c209043－29036185.html．

［115］腾讯网．民间微博直播习近平行程快过官媒［EB/OL］．［2013－12－16］．http：//news.qq.com/a/20130205/001052_1.htm．

［116］王金成．利用即时通讯工具实施犯罪案件的侦查难点及对策——以腾讯QQ为视角［J］．河北公安警察职业学院学报，2013，13（2）：13－17．

［117］王玫，王志敏，薛淑珍，傅端香．21世纪全国应用型本科财经管理系列实用规划教材公共关系理论与实务［M］．北京大学出版社，2007．

［118］王清华，朱岩，闻中．新浪微博用户满意度对使用行为的影响研究［D］．清华大学，2012．

［119］王清华．新浪微博用户满意度对使用行为的影响研究［D］．清华大学，2012．

[120] 王骚. 面向公共危机与突发事件的政府应急管理 [M]. 天津大学出版社, 2013.

[121] 王寅.《人民日报》和《朝日新闻》气候变化科学类报道新闻框架分析 [J]. 科普研究, 2012, 7 (2): 42-50.

[122] 王战平, 阮成奇, 李鸣瑜, 等. 企业微博传播效果测评研究 [J]. 情报科学, 2014, 9: 011.

[123] 维基百科. 飓风桑迪. [EB/OL]. [2013-9-16]. http://en. wikipedia. org/wiki/Effects_ of_ Hurricane_ Sandy_ in_ New_ York.

[124] 维基百科. 中国大陆食品安全事件. [EB/OL]. [2014-9-16]. http://zh. wikipedia. org/wiki/中国大陆食品安全事件.

[125] 维基百科. 中华人民共和国食品安全. [EB/OL]. [2014-9-16]. http://zh. wikipedia. org/wiki/中华人民共和国食品安全.

[126] 吴量福. 运作、决策、信息与应急管理: 美国地方政府管理实例研究 [M]. 天津人民出版社, 2004.

[127] 吴明霞. 论奥巴马政府的新媒体外交 [D]. 上海国际问题研究院, 2012.

[128] 吴明霞. 论奥巴马政府的新媒体外交 [D]. 上海国际问题研究院, 2012.

[129] 新华网. 中国或将针对社交媒体制定新法律法规 [EB/OL]. [2015-04-02]. http://news. xinhuanet. com/legal/2013-12/04/c_ 118408025. htm.

[130] 新浪网. Twitter 上市首日大涨 73% 市值达 245 亿美元 [EB/OL]. [2014-10-23]. http://tech. sina. com. cn/i/2013-11-08/05238894836. shtml.

[131] 新浪网. 微博成功登陆纳斯达克上市首日大幅收高 19% [EB/OL]. [2014-10-17]. http://tech. sina. com. cn/i/2014-04-18/04139329030. shtml.

[132] 新闻联播. 9月9日两高推出司法解释. [EB/OL]. [2015-04-02]. http://xinwenlianbo. cc/zhibo/20130909/4165. html.

[133] 徐娜. 基于公众满意度的政府公共服务绩效测评及提升策略研究

[D].华中师范大学,2011.

[134] 于和联.浅析修订后的《国家森林火灾应急预案》[J].中国科技纵横,2013,(7):248-248.

[135] 于晶.突发事件政府新闻发布的传播效果研究[D].复旦大学,2010.

[136] 于盼盼.危机事件传播效果的影响因素研究[D].山东师范大学,2011.

[137] 舆情网.北京7.21特大暴雨[EB/OL].[2013-9-16].http://yuqing.china.com.cn/2013-07/16/content_6123745.htm

[138] 张春梅.从推特(Twitter)发展看微博时代的信息传播[J].中国广播,2013,(5):76-78.

[139] 张洪忠.大众传播学的议程设置理论与框架理论关系探讨[J].西南民族大学学报:人文社科版,2001,22(10):88-91.

[140] 张梦中.美国的危机管理系统及其在"非典"防范中的作用[J].中国行政管理,2003年07期.

[141] 张维平.公共安全管理研究[M].中国书籍出版社,2013.

[142] 章静怡.从上海踩踏事件看公民新闻的利弊[J].新闻传播,2015(3).

[143] 赵倩.内容分析法和情景分析法综合应用研究[D].南京农业大学,2012.

[144] 中国互联网络中心.2014年中国社交类应用用户行为研究报告.[EB/OL],http://www.cnnic.net.cn/hlwfzyj/hlwxzbg/201408/P020140822379356612744.pdf,2014-10-24

[145] 朱红灿,喻凯西.政府信息公开公众满意度测评研究[J].图书情报工作,2012,(3):130-134.

[146] 朱星华.从政府应用与产业融合的视角看社交媒体的发展——以美国社交媒体的发展及政府对其的应用为例[J].全球科技经济瞭望,2013,(5):35-39.